Money Lite ... ャrt and Well

森永先生、

僕らが強く賢く生きるためのお金の知識を教えてください！

金融教育ベンチャー㈱マネネCEO/ 経済アナリスト
森永康平

アルク

はじめに

「お金の知識」で人生の幸福度を上げる

　「日本人はあまりお金の話をしたがらない」と言われることが
よくあります。

　たしかに、私自身もそうですし、私の周りの友人や知人もお金
の話を積極的にしていた記憶はありません。おそらく、「他人とお
金の話をする人は卑しい」という気持ちが心のどこかにあるので
しょう。日本で生まれ育った私も、金融教育ベンチャーを経営し、
経済アナリストという肩書で活動していますが、他人とお金の話
をすることに抵抗がある人の気持ちはよく分かります。

　しかし、**私たちが生きていくうえで、お金と無縁でいるわけに
はいきません**。生きていくうえで家賃や水道光熱費、食事や服な
どに対してお金を払う必要があります。そのお金は仕事をして手
に入れるわけですが、稼ぐたびにすべてを使い切ってしまっては
将来が不安ですから、稼いだお金の一部は貯めておかないといけ
ません。さらには賃金が上昇しない日本においては、貯金の一部
を自分で運用しないと老後生活に不安が残る可能性もあります。

　**お金の知識がないと、お金を稼いだあとに、どのように使って、
貯めて、運用するのかを自分で考えて実行することができませ**

ん。しかも、**この大事なお金を狙ってくる詐欺師などの悪い人たちから守っていく知識も重要**です。

　生きていくうえで避けては通れないお金との関係。しかし、**日本人がお金について学ぶ機会はほとんどありません**。成年年齢が20歳から18歳へと引き下げられた2022年、ついに日本でも高校の家庭科の授業の中で少しだけお金について学ぶということで、ようやく「金融教育」という言葉が市民権を得ました。とはいえ、家庭科の授業で学ぶことは多く、金融教育はその一部にすぎません。十分な内容を学ぶことはできないでしょう。

　それでは、どのようにしてお金について学べばいいのでしょうか。今の時代、SNSやYouTubeなどに大量の情報が溢れています。しかも、ほとんどの情報は無料で手に入ります。しかし、大量の情報は玉石混交であり、なかには親切な情報提供に見えて、実は詐欺商材の購入に誘導するケースもあります。**玉石混交の情報から正確な情報を見抜くためにはそれなりの知識が必要**であり、これからお金の勉強をしようと考えている方にとっては、これらの情報を最初に選ぶことは危険性が高いことが分かるでしょう。また、ネットの場合は自分から知りたいことを検索しなくてはいけないため、物事を体系立てて網羅的に学ぶことの難易度は非常に高いと感じます。

　その点、書籍というのはネットとは違い、**体系的に情報が構成されているため、1冊読むことで全体を理解することには適して**

います。ネット情報のように速報性があるわけではないですが、それゆえにどのような状況になっても変更する必要がない根本的な話が多く書いてあることも特徴の一つです。

　さて、ここまで読むと本書は家計管理や資産運用、または金融教育の書籍なのかと思われるかもしれません。それらの点も取り上げてはいますが、お金に関する話は多岐にわたります。これまでに触れたお金の使い方や貯め方、増やし方、守り方というのは、自分がお金とどのようにしてつき合うかというミクロの観点の話です。

　一方で、日本経済が30年以上にわたって低成長を続けているのは、決して個人の誰かが悪いという話ではなく、日本政府が行ってきた経済政策が間違っていたと考えるほうがよいでしょう。そもそも、誰か一人が間違いをやらかした程度で、一国の経済成長が大きく影響を受けることなどありませんから。

　そこで、本書ではお金についてマクロの観点からも触れていきます。日常生活を送るうえで、ミクロの観点は自然と身につきますが、マクロの観点は意識しないと身につきません。そもそも、お金とは何か。政府や中央銀行が行う財政政策、金融政策とは何か。日本が長く陥っていたデフレ経済とは何か。新型コロナウイルスやウクライナ戦争の影響で生じた世界的なインフレとは何か。このようなマクロの観点からお金について学んでいきます。

そんなに幅広いお金の知識を一冊で学びきれるのか、という疑問を抱くかもしれませんが、本書ではなるべく幅広くお金について学んでほしいので、意図的に「広く、浅く」書きました。**本当にお金のことを何も学んでこなかった方にこそ、最初の一冊として手に取っていただければと思います**。そして、幅広くお金について書いた本書を通じて、自分が特に興味を持った分野から、深堀りしていけばいいでしょう。書店にいけば、お金に関する書籍は大量にあります。株式投資、家計管理、財政政策など、カテゴリーは細分化されていますから、本書を通じて興味を持った分野を引き続き書籍を基に学んでいくことは十分可能です。

　そして、最終的には本書で触れたすべての分野をそれぞれ深堀りしていくことで、お金について各論だけではなく、総論として理解できるようになってほしいと思います。

　最後に、お金について書いた書籍ではありますが、決して「お金がすべてだ」と言いたいわけではありません。**生きていくうえで無縁ではいられないからこそ、しっかりと知識をつけて、人生の幸福度を上げていきましょう**、というのがメッセージです。以上を念頭にお金の勉強を始めてもらえると幸いです。

森永康平

株式会社マネネCEO／経済アナリスト

目　次

著者とお金の疑問や悩みを持つ若者たち

森永康平先生
金融教育を行う
株式会社マネネCEO、
経済アナリスト

少子高齢化や賃金が上がらない
など問題山積の日本で、若者たち
にどうしても知っておいてほし
いお金のリテラシーを、若者から
の質問に答えるかたちで分かり
やすく教えてくれる。3児の父で
もある。

15歳　中学3年生
これから高校生になって、金融教育を学ぶ予定
だが、お金に関する知識にはまったく自信がな
いし、あまり考えたことがない。

25歳　会社員
そろそろお金のことはきちんとしないとと思い
始めている。貯金もあまりないし知識もないの
で、将来は不安だらけ。でも、何をしていいのか
分からない。

35歳　会社員
友人たちがつみたてNISAやふるさと納税を始
めて、自分もなにかしないといけないのかなと
焦り始めている。少子高齢化で若者にしわ寄せ
がくることに不安と憤りを感じている。

第 1 章

「金融教育」って
何を教わるんですか？

2022年度から高校の授業でついに「金融教育」が始まったと話題になりましたが、そもそも金融教育自体のことを知らない人が多いのではないでしょうか。「金融教育って受けたかな？」と思っている人もいるでしょう。本章で金融教育事情を分かりやすく説明します。

01 なぜ「金融教育」が話題になっているのですか？

　日本でも「金融教育」という言葉を耳にする機会が増えてきました。日本人はあまりお金の話をしたがらないと言われて久しいのですが、少しずつ変化が生じているようです。明確な変化が生じたのは2022年。メディアでは「ついに日本でも金融教育が始まる」といった報道が春先に多く確認されました。

理由〈その1〉　学習指導要領の改訂

　「金融教育」が話題になっているのにはいくつかの理由があると考えます。1つ目の理由は高校の学習指導要領が改訂され、2022年4月から使われる教科書で金融について詳しく学ぶことになったからです。具体的には2つの科目に変更がありました。「家庭科」では家計管理の重要性や家計と経済の関わりの観点から、公民科で新設された「公共」では金融を通した経済活動の活性化について、それぞれの切り口から金融について学びます。

　学習指導要領の変化について具体的に見てみましょう。高校の家庭科でこれまで「生活の充実及び消費と環境」と章立てされていたものが、新しい学習指導要領では「持続可能な消費生活・環境」に変わりました。また、生涯を見通した生活における経済の

管理や計画の重要性については、「考えることができるようにする」が「ライフステージや社会保障制度などと関連付けて考察すること」と変わっています。その結果、「学習指導要領解説」には、家庭科で「預貯金、民間保険、株式、債券、投資信託等の基本的な金融商品の特徴（メリット、デメリット）、資産形成の視点にも触れるようにする」との記述が盛り込まれました。

　ただし、高校の家庭科での金融教育は、授業時間全体の10％程度を使うだけであり、多くの方が期待されるほど充実した内容にはなっていないというのが現実です。

　しかし、その限られた時間の中でも、偏ることなく幅広く生活に関わるかたちで金融について学んでいきます。進学や就職、結婚、子育て、住宅取得等のライフイベントやライフステージによって、必要となる金額や支出を事前にシミュレーションし、どのようにしてお金を貯め、使うべきか。そして、足りない場合や将来に備えるべく、株式や投資信託への投資といった資産運用、もしもの時のための生命保険や損害保険など、金融商品についても学びます。

　また、多くの学生が被害にあっている特殊詐欺など、消費者トラブルに関する知識と、自らの身を守る方法なども学びます。

　お金の話をしたがらないと言われてきた日本人が高校の授業の中で金融商品や資産形成について学ぶというのですから、隔世の

高校で使われている教科書の一つ『Creative Living「家庭総合」で生活をつくろう』（大修館書店）。下は同書のページの一部。グラフは金融広報中央委員会提供のもの

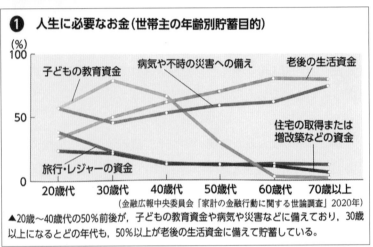

❶ 人生に必要なお金（世帯主の年齢別貯蓄目的）

子どもの教育資金

病気や不時の災害への備え

老後の生活資金

住宅の取得または増改築などの資金

旅行・レジャーの資金

20歳代　30歳代　40歳代　50歳代　60歳代　70歳以上

（金融広報中央委員会「家計の金融行動に関する世論調査」2020年）

▲20歳〜40歳代の50％前後が，子どもの教育資金や病気や災害などに備えており，30歳以上になるとどの年代も，50％以上が老後の生活資金に備えて貯蓄している。

感を禁じえません。

理由〈その2〉　成年年齢が18歳に

　金融教育が話題になっている2つ目の理由は、2022年4月から**成年年齢が20歳から18歳に引き下げられた**ことでしょう。明治時代から約140年間、日本での成年年齢は20歳と民法で定められていました。しかし、民法改正により2022年4月1日から、成年年齢が20歳から18歳に引き下げられたのです。成年年齢が引き

下げられると何が変わるのでしょうか。民法が定めている成年年齢は、「一人で契約をすることができる年齢」という意味と、「父母の親権に服さなくなる年齢」という2つの意味があります。分かりやすく言い換えれば、**「成年に達すると親の同意を得なくても自分の意思でさまざまな契約ができるようになる」**ということです。

▍親の同意なしでクレカが作れる

　つまり、**18歳になると携帯電話や賃貸の契約や、クレジットカードを作ったりすることが1人でできる**ということなのです。ただし、飲酒や禁煙、競馬などの公営競技に関する制限年齢は20歳のままであることには注意が必要です。

　さて、なぜ成年年齢の引き下げが金融教育の流れに勢いを与えたと考えるのでしょうか。未成年者の場合、契約には親の同意が必要になります。仮に親の同意を得ないままに未成年者が契約をした場合には、民法で定められた「未成年者取消権」によって、その契約を取り消すことができます。つまり、成年年齢が18歳に引き下げられてしまうと、これまでは**民法で保護されていた18歳、19歳が保護の対象から外れてしまう**のです。

　たとえば、留年や浪人をせずにストレートで大学に進学した場合、誕生日にもよりますが、18歳か19歳で大学生活を始めることになるでしょう。大学生になると人間関係は一気に広がります。

大学のクラスメート、サークルの仲間、バイト先の同僚や先輩など、多種多様な人たちと関係を構築します。実家から離れて1人暮らしを始めれば、環境はガラリと変わるはずです。

　新たに知り合った人たちが皆善良な人であればいいのですが、なかには詐欺師のような人がいるかもしれません。**詐欺師たちはラクをしてお金を稼ぐために、あらゆる可能性を検討**しています。これまでは民法で保護されていた世間知らずの18歳、19歳が成年として扱われるようになると知れば、確実に詐欺の対象として狙ってくるでしょう。故に、成年年齢が引き下げられた2022年は、例年以上に金融教育の重要性が説かれることになったと考えるのです。

理由〈その3〉　将来への不安

　3つ目の理由は**外部環境の変化による将来不安**です。2020年から世界的な感染症の拡大で日本は3年にも及ぶコロナ禍を経験しました。そして、2022年2月下旬からはロシアがウクライナに侵攻しました。

　その結果、これまで**30年近くモノの値段が上がってこなかった日本でも物価が上昇し、それにもかかわらず賃金は上がらない**ので、将来への不安が増大し、お金の知識をつけて資産運用をしてお金を守ろう、増やそうと考える人が増えました。そのためには金融の知識（リテラシー）が必要であると考える大人が増え、彼らが自分の子どもにも金融の知識をつけてあげたいと考え、金融教育に期待する雰囲気が醸成されたのです。

　このようにさまざまな要因が相まって、ついに日本でも金融教育を推し進めようという雰囲気ができ始めました。さらには金融庁がまとめた2022事務年度の金融行政方針では**金融教育について「国全体として体制を検討する」**と明記されたことで、金融教育が国家戦略として推進されるものとして認識されました。また、岸田文雄政権が設置した「新しい資本主義実現会議」においても、資産所得倍増プランが議論され、小額投資非課税制度「NISA」（p. 123参照）の恒久化が目玉政策ではあるものの、金融リテラシーの向上にも焦点が当てられています。

これまで見てきた金融教育を取り巻く環境の変化は大変喜ばしいことですが、一方で懸念もあります。本書でその懸念点を深掘りしていきましょう。

まとめ

金融教育が話題になっている理由は、
①学習指導要領の改訂
②成年年齢の18歳への引き下げ
③将来不安

02 これまで金融教育はされてなかったのですか？

　2022年から日本の高校でも金融教育が始まると世間が盛り上がったことを紹介しました。最も大きな理由は指導要領の改訂によって、高校の家庭科の授業の中で資産運用について触れることになるからと説明しましたが、実はこれは正確ではありません。知らない（覚えていない）方も多いかと思いますが、**これまでも家庭科の授業では金融教育が行われていました**。これは指導要領を確認すれば分かることです。

なぜメディアは誤報したのか？

　それでは、なぜ多くのメディアが2022年4月から日本で金融教育が始まると「誤報」したのでしょうか。それは、改正された**指導要領の中に「投資信託」という具体的な金融商品の記載があったから**だと思います。そして実はこの点が、私が日本の金融教育に一抹の不安を抱いている理由なのです。

　どうも日本でいま推進されようとしている金融教育は、どこか**投資教育と限りなく近いニュアンスで語られている**印象を受けます。実際に金融教育についてコメントを寄せている人の多くがFP（ファイナンシャルプランナー）や金融機関の関係者です。も

02 これまで金融教育はされてなかったのですか？

ちろん、投資教育も立派な金融教育だと思いますが、少なくとも私が考える金融教育はもっと幅広いものであり、その中の一部に投資というパートがあるだけなのです。

「金融教育＝投資教育」ではない？

　詳細は後述しますが、私は2018年から金融教育ベンチャーのマネネという会社を経営しています。今では対象を絞らずにお金の授業という形でサービスを提供していますが、創業当初は未就学児から小学生を対象としていました。子どもにお金の授業をするにあたって、いきなり投資の話などしても理解できません。ですから、まずは「お金とは何か？」という基本的なところから入ります。「そんな当たり前の話から入るのか」と思った方もいるかもしれませんが、では、あなたは子どもでも分かるように「お金とは何か？」ということを説明できますか？　お金の成り立ちや役割、価値について明確に解説できるでしょうか？　私の経験からすれば、投資の話をするほうがよほど難易度は低いです。

　お金とは何か、という難題を子どもたちと理解したあとは、お金の使い方、貯め方、増やし方、守り方など、さまざまなお金との接し方について話し合います。このいくつもあるお金との接し方のうちの一つに増やし方という項目があり、その中には株式、債券、投資信託などの金融商品の説明が入ってきます。どうもこの金融商品の解説の部分だけが、現在推進されようとしている金融教育になってしまっているのではないか、と感じています。

投資に絶対はない！

　岸田政権は「新しい資本主義」を掲げ、「資産所得倍増プラン」を打ち出しています。資産の大半を現金・預金として保有している日本人にとって、昨今の物価上昇は資産の一部を投資に充てるインセンティブになり得ます。なぜなら、インフレ（p. 62参照）になると、現預金の価値が目減りするからです。また、「老後2,000万円問題」や「人生100年時代」という言葉を考えれば、現役時代によほどの高給をもらって十分な貯金をしていない限りは、やはり投資などで自分の資産を増やす必要が出てきます。

　しかし、ここで忘れてはいけないのは、**投資をすると必ず資産が増えるわけではない**ということです。これもまた当たり前の話だと思うかもしれませんが、実際には多くの方がきちんと理解していないのです。仮にすべての人が投資にはリスクがつきものであること、うまい話は存在しないことを認識していれば、日本国内での投資詐欺の被害規模（2020年は4488億円）はもっと小さいものとなっているでしょう。

消えた「所得倍増計画」

　岸田首相は2021年に行われた自民党総裁選の際に令和版「所得倍増計画」を公約として掲げましたが、気付けばその公約は消えてしまい、資産所得倍増プランに成り代わっています。

　私はこの変化にはいくつも問題があると考えており、1つ目はそもそも現時点で**投資に資産を充てる余裕がある人、特に若者はそれほど多くない**ということ。2つ目は前述の通り、**投資をしたからといって、必ず資産が増えるわけではない**ということ。NISAを恒久化したところで、投資対象が値上がりして含み益が発生した後に、利益を確定するタイミングで初めて非課税の恩恵を受けられるわけで、投資対象が値下がりして損失が発生した場合はNISAの恩恵はないのです。

　当然、資産所得倍増プランなどの施策は投資未経験者が第一歩を踏み出す契機になるとは思いますが、資産所得の倍増というのは目標にするにしては不確実性が高すぎるのです。

まとめ

①金融教育はこれまでも行われていた
②金融教育＝投資教育ではない
③投資をすれば必ず資産が増えるわけではない

03 日本人は金融リテラシーが低いんですか？

　日本人は金融リテラシーが低いと言われることが多いようですが、ここではその理由について考えてみましょう。

金融リテラシーが低いってどういうこと？

　理由を考える前に2つのことを明確にしておきたいと思います。まず1つ目は、金融リテラシーが低いというのは何と比較をしているのか、ということです。基本的に何かを「低い」と評する場合、他の何かと比較して相対的に低いことを指します。早速答えを言ってしまえば、それは他国と比較して低いのです。

　それでは2つ目です。金融リテラシーとは何でしょうか？　簡単に言えば「お金の知識」ということなのですが、実はもう少し詳細な定義も存在します。経済協力開発機構（OECD）の中にあるINFE（金融教育に関する国際ネットワーク）が2012年に、金融リテラシーを「金融に関する健全な意思決定を行い、究極的には金融面での個人の良い暮らし（well-being）を達成するために必要な、金融に関する意識、知識、技術、態度及び行動の総体」と定義しています。

金融リテラシー調査

　それでは、金融リテラシーはどのようにして計測するのでしょうか。日本では金融広報中央委員会が３年に一度、金融リテラシー調査を公表しています。調査対象は18〜79歳の個人30,000人。回答者は、令和２年（2020年）国勢調査に基づき、都道府県別に年齢層および男女の人口構成比とほぼ同一に割り付けられており、インターネットによるアンケート調査の形式で行われます。

　設問は金融経済教育推進会議が「生活スキルとして最低限身に付けるべき金融リテラシー」の内容を具体化して作った「金融リテラシー・マップ」の８分野に基づき、「金融知識・判断力」に関する正誤問題と「行動特性・考え方等」といった金融リテラシーについての53問で構成されています。８分野は家計管理、生活設計、金融取引の基本、金融・経済の基礎、保険、ローン・クレジット、資産形成、外部知見の活用を指します。53問のうち４割程度は、米国FINRA（金融業界監督機構）やOECD（経済協力開発機構）など海外機関による同種調査と比較可能な内容となっています。

米国と比べてみると

　それでは、比較可能な米国の調査結果と日本の調査結果を見比べるとどのような違いがあるのでしょうか。正誤問題の正答率は日本が47％に対して、米国は50％で、そこまで大きな差はありま

せん。**知識面では「複利」、年齢別には若～中年層、学歴では短大・専門学校等卒以上の正答率が米国に見劣り**しています。

　両国間で大きな差があるのは**「金融教育を受けたことがある」と認識している人の割合は日本がわずか7％**に対して、米国も低いものの20％となっている点です。

(%)

金融リテラシー調査 日米比較		日本 2020年	米国 2018年
●正誤問題6問の正答率（平均）		47	50
項目	①複利（5年後）→p. 117参照	**43**	**72**
	②インフレ→p. 62参照	55	55
	③住宅ローン	68	73
	④分散効果→p. 111参照	50	43
	⑤債券価格	24	26
	⑥72の法則→p. 119参照	41	30
年齢	18～34歳	**34**	**40**
	35～54歳	**43**	**50**
	55～79歳	56	58
学歴	中学・高校卒	40	38
	短大・専門学校等卒	**40**	**50**
	大学・大学院卒	56	63
●金融教育を学校等で受けた人の割合		**7**	**20**
●金融知識に自信がある人の割合		**12**	**71**

「複利」は大きな差がついてる！

若・中年層でやや見劣り

高校卒業後でやや見劣り

7％!?　確かに金融教育を受けた記憶がないかも…だから自信がない？

（出所）FINRA Investor Education FOUNDATION" The State of U.S. Financial Capability: The 2018 National Financial Capability Study

OECD内で比べてみると

　次にOECD調査参加国のうち上位10カ国と比較してみましょう（次ページ）。日本は、**知識面では「インフレ」「分散投資」が、行動面では「お金への注意」が見劣り**する結果となっており、知識・行動の合計で24カ国のうち第8位となっています。

(%)

金融リテラシー調査 OECD諸国内の比較	日本	参加国平均
合計	**62.5**	**62.7**
知識（平均）	59.1	59.5
①金利	68	57.1
②複利	38.8	26.3
③リスクとリターン	75.2	77.1
④インフレ	**63.3**	**78**
⑤分散投資	**50.2**	**58.9**
行動（平均）	66.7	66.6
①支払期限の遵守	85	79.4
②お金への注意	**58.6**	**67.2**
③余裕の確認	72.6	71.1
④長期計画の策定	50.4	48.8

> 日本は、24カ国中8位で、ほぼ平均点

> インフレでかなり、分散投資でやや見劣り

> 「お金への注意」不足が詐欺を誘発する？

（出所）OECD/INFE "2020 International Survey of Adult Financial Literacy"

リテラシー以外の要因

　このように結果を見てみると、それほど日本の金融リテラシーが低いとは思いませんが、たしかに世界的に見て高い水準にあるとも言えないようです。しかし、この結果だけをもって、日本人の金融リテラシーが低いと断言するのは早計でしょう。

　たとえば知識面で日本が劣っていた「複利」（p. 117参照）についてですが、**長きにわたり低金利またはゼロ金利政策がとられている日本において、複利は意識しづらい概念**です。銀行に預けたところで、1年間で0.1％も利子がつかないわけですから、そのような状況下では単利も複利もあったものではないでしょう。

　次に「インフレ」でも平均より劣っていましたが、これも複利と同様に30年近くデフレ経済を体験してきた日本人にとって、**実生活の中でインフレを体感することは難しい**話です。私がインドネシアに駐在していたときは、1年間で全体の平均物価上昇率が6％ほどでしたから、インフレを実感することができました。ですから、複利とインフレの認識が弱いのは日本人の金融リテラシーが低いからというよりは、外部環境の影響もあるでしょう。

　日本人の金融リテラシーが低いと言われる際に根拠に用いられるもう一つのデータがあります。それは日本銀行調査統計局が公表している「資金循環の日米欧比較」の中に載っている日米欧における家計の金融資産構成（次ページ）です。

リテラシーが低いから預金が多い？

　日本では家計の金融資産の半分以上（54.3％）を現金・預金で持っているのに対して、**米国では株式等と投資信託が金融資産の半分以上（52.4％）**を占めている（2022年3月末現在）という対照的な結果になっています。欧州は日本と米国の中間という感じになっていますが、この結果をもって日本人は金融リテラシーが低いから資産の大半を現金・預金で持っているのだというのです。

　しかし、この結論も少し雑であると感じます。もう少し日本の歴史的な背景を考えてみましょう。前述の通り、日本経済は長き

家計の金融資産構成 日米欧比較

■ 現金・預金 ■ 債務証券 ■ 投資信託 ■ 株式等 ■ 保険・年金・定型保障 ■ その他

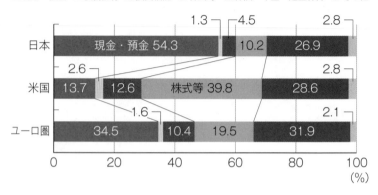

		1.3	4.5		2.8
日本	現金・預金 54.3		10.2	26.9	
	2.6				2.8
米国	13.7	12.6	株式等 39.8	28.6	
	1.6				2.1
ユーロ圏	34.5	10.4	19.5	31.9	

```
0      20      40      60      80      100
                                        (%)
```

（出所）日本銀行調査統計局「資金循環の日米欧比較」2022年3月末現在

にわたりデフレ経済に苦しんでいました。デフレについては別の章（p. 62参照）で詳しく説明しますが、簡単に言えばモノの値段が継続的に下がる状態だと考えてください。このデフレの状況下においては、お金の価値は上がっていきます。意味が分からないかもしれないので、極端な例を挙げて説明をしてみましょう。

たとえば、今年100円で買えたアメが来年は値下がりして50円で買えるとします。この現象だけを見ればモノの値段が下がるデフレですが、同じ100円でも今年はアメが1個しか買えなかったのに、来年はアメが2個買えるということは、お金の価値が倍になったということが分かるでしょう。

ということは、長期にわたるデフレ下においては、損をするか

もしれない株などに投資するのではなく、**資産を現金・預金で持っておくことは合理的**な行動であり、この行動をもって金融リテラシーが低いと結論付けるのはあまりにも乱暴なのです。

　また、米国の代表的な株価指数であるNYダウやS&P500の長期間にわたる推移を見てみると、上下に動いているものの、基本的には右肩上がりとなっています。一方で、日本の代表的な株価指数である日経平均株価や東証株価指数（TOPIX）はどうでしょうか。ここ数年は右肩上がりでしたが、依然としてバブル期につけた高値を抜くことができていません。このような株式市場において期待されるリターンを考えても、米国よりも日本のほうが家計の金融資産に占める株式等の比率が高いことは、金融リテラシーうんぬんではなく環境の違いであるとも言えるでしょう。

日経平均株価の推移（1985年1月〜）

1

「金融教育」って何を教わるんですか？

NYダウの推移（1985年1月〜）

（ドル）

S&P500の推移（1985年1月〜）

（ドル）

まとめ

①日本人の金融リテラシーは必ずしも低いわけ
ではない

②低金利、デフレ下ではリテラシーが低くても
仕方がない項目がある

04 金融リテラシーが高いといいことがありますか？

リテラシーと年収・資産の関係

金融リテラシーが高いとどうなるのでしょうか？　前項で紹介した金融リテラシー調査は、金融リテラシーの水準によってどのような変化が生じるかをさまざまなケースで紹介しています。

とても分かりやすい例を2つ紹介しましょう（次ページ参照）。年収別に金融リテラシー調査の正答率を並べてみると、**収入がない層の正答率が39.4％であり、最も高い年収帯の1,500万円以上だと68.9％**と最も正答率も高くなっています。次に、金融資産の金額で見てみると、**資産がまったくない層の正答率が41.8％なのに対して、最も多い資産帯の2,000万円以上だと74.3％**と正答率が最も高くなっています。

この結果はいわゆる「鶏が先か、卵が先か」と似たような話で、金融リテラシーが高いから年収や金融資産が増えるのか、年収が高く、金融資産が多いから金融リテラシーを高められるのか。その前後関係は明確ではありません。ただ、この結果から金融リテラシーが高いほうが望ましいとは言えるのではないでしょうか。

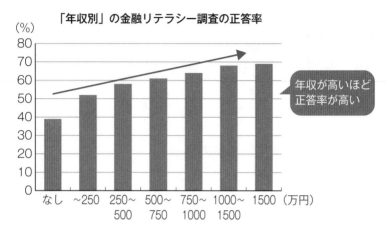

「年収別」の金融リテラシー調査の正答率

(%)

年収が高いほど
正答率が高い

(出所) 金融広報中央委員会「金融リテラシー調査2022」

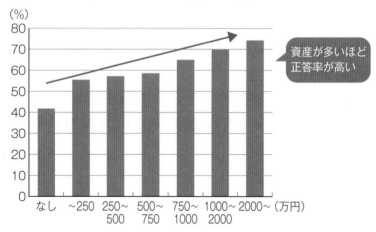

「資産別」の金融リテラシー調査の正答率

(%)

資産が多いほど
正答率が高い

(出所) 金融広報中央委員会「金融リテラシー調査2022」

リテラシーは年齢と共に高まる?

　また、もう1つ興味深い調査結果があるので紹介します。正答率は年齢を重ねるごとに高まっていくという結果があります。

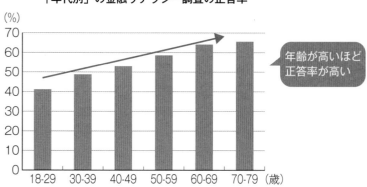

「年代別」の金融リテラシー調査の正答率

年齢が高いほど正答率が高い

(出所) 金融広報中央委員会「金融リテラシー調査2022」

　この結果を見て、日本では年齢を重ねるごとに国民が自ら金融リテラシーを高めているとポジティブに受け止める方がいるのですが、私は、それは誤った認識だと思います。なぜなら、この結果は金融教育を受ける機会がないままに社会に出てしまった日本人が、傷を負いながら結果として金融リテラシーを高めているにすぎないと考えるからです。

失敗を重ねてリテラシーが高まる

　少し分かりやすい例を出してみましょう。たとえば、一切トレーニングや訓練をさせないまま、兵隊を戦場に送り込んだとし

「金融教育」って何を教わるんですか?

1

ましょう。当然、トレーニングや訓練をしていないわけですから、何も分からないうちに攻撃されてしまって、何人かはすぐに死んでしまうかもしれません。しかし、怪我をしながらも生き残って戦闘を続けていくうちに、徐々に経験値が積み上がり、身体も鍛えられていくので、時が経てば経つほど、立派な戦士になっていきます。いまの日本では金融リテラシーの観点で同じようなことが行われているということなのです。

実際に社会に出てから、私の周りでは似たような話をいくつも聞きます。社会人になったときに保険の営業員がやってきて、いろいろと将来の不安をあおりながら、さまざまなタイプの保険商品を紹介してきたと。たしかに、将来は年金も十分にもらえるか分からないし、自分の給料も高くなく、将来に向けて上がっていく確証もないので、言われるがまま契約してしまった。後々詳しい人に聞いてみたところ、**必要以上に保証内容が充実している保険を買ってしまっており、毎月の保険料の支払額が相当な負担になるケース**でした。

ローリスク・ハイリターンに騙されるな

また、なんとなく将来に不安があったり、いますぐ貯金を増やしたいと思っていた人が、**「絶対に儲かる」「元本が保証されている」「毎年30%増える」**という甘い誘いに乗ってしまい、怪しい金融商品を買ったところ、**大きく損をしてしまったり、全額失ってしまったというケース**もあります。そんなにおいしい話があれ

ば、私だって買いたいと思いますが、世の中にはおいしい話なんてありません。大きく儲かる可能性があるのなら、それだけ損をする可能性も高くなるものです。元本が保証されているのに、大きく儲かるなんていう**ローリスク・ハイリターンの商品などあり得ない**ということを知っておきましょう。

金融教育の必要性

金融リテラシーを高めるためには金融教育を受けるべきなのですが、金融教育を受けた人は日本では非常に少なくなっています。前出の調査で、金融教育を行うべきだと回答した人は全体の71.8％に及びますが、その中で**金融教育を受けたことがあると答えた人はわずか7.9％にすぎません**。しかし、学校で**金融教育を受**

金融教育を求める声と受けた認識

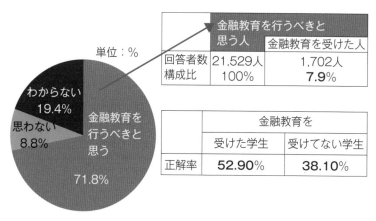

	金融教育を行うべきと思う人	金融教育を受けた人
回答者数 構成比	21,529人 100％	1,702人 7.9％

単位：％

わからない 19.4％

思わない 8.8％

金融教育を行うべきと思う 71.8％

	金融教育を	
	受けた学生	受けてない学生
正解率	52.90％	38.10％

（出所）金融広報中央委員会「金融リテラシー調査2022」

けたことがある学生の正答率が52.9%なのに対し、受けていない学生の正答率が38.1%であるという結果を見ても、やはり金融教育は実施したほうがよいと言えるでしょう。

金融リテラシーが高い人の特徴

p. 30で、金融リテラシーが高いほど年収や金融資産が多くなるという調査結果を紹介しましたが、金融リテラシーが高い人の特徴として次のようなことも挙げられます。1つ目は、やはり金融教育を受けている人が多いということ。2つ目は金融に関する情報をよく見ており、家計管理をしっかりし、何かを買うときは他の商品と比較をしていること。また、調査や相談をすることに抵抗がなく、何かを買うときは商品の内容や特徴を理解していることなどが挙げられます。

これらの結果、金融トラブルに巻き込まれづらくなったり、消費者ローンの利用が減ったりします。また、意外かもしれませんが、金融リテラシーが高い人ほど株などのリスク性資産（投資した元本の保証がない資産）への投資が増える傾向にあります。

金融教育ベンチャーを経営する私がこのようなことを言うと、ポジショントーク（自分に有利になるような話をすること）だと思われてしまうかもしれませんが、第三者の中立機関が行った調査結果を見ても、金融教育を受けて金融リテラシーを高めることは、人生の質を向上させる可能性が高いということは疑いの余地

がないと言えそうです。

まとめ

金融リテラシーが高い人は、
①金融教育を受けたことがあることが多い
②情報収集が得意で家計管理もしっかりしている
③リスクをとって投資をする人が多い

05 アメリカの金融教育ではどんなことを教わるのでしょう？

　海外に比べて日本の金融リテラシーが低いと言われる理由をいくつか紹介しました。私は必ずしもそうとは言えないという見解を示しましたが、仮に日本の金融リテラシーが低いという仮説を正しいとした場合、なぜそのような差異が生じるのかを検証していきましょう。その答えになりそうなのは、既に紹介しましたが、日本と海外における金融教育を受けた人の割合の差です。

▎アメリカの金融教育事情

　たとえば、米国における金融教育はどのようなものなのでしょうか。米国では学校教育については州などの地方行政府の権限範囲となっており、米国として統一のカリキュラムがあるわけではありません。金融教育を必須としている州もあれば、任意選択としている州もあります。もともと米国では、十分な知識がないままローンを組んで破綻してしまう人も多く、州だけに限らず民間団体や金融業界によってさまざまな金融教育プログラムが用意されています。リーマン・ショックが起こった2008年以降、さらにその流れが加速しました。

　お国柄もあるのかもしれませんが、ゲームを通じて株式投資や

起業に伴うファイナンス（資金調達）を体験するようないわゆるゲーミフィケーションというスタイルや、ローンやクレジットカードなどの信用・借り入れ関連の座学、それに伴う利子（借り入れコスト）等の学習プログラムに重きが置かれています。

レベルの高いお金の絵本

　私が金融教育ベンチャーのマネネを2018年に立ち上げた際、実際に米国から未就学児向けに書かれた金融教育の教材を取り寄せたのですが、歴史が長いだけによく考えられた内容になっていたことに驚いた記憶があります。その教材は絵本で、しかも片側1ページが絵、もう片側に文章が書いてあり、文字も大きく、分量も少なく、いかにも子ども向けといったスタイルでした。絵本のテーマも近所の人が飼っている犬の散歩を手伝っておこづかいをもらい、そのおこづかいをどのように貯めるか、またはどのように使うかという程度の内容です。

　しかし、その絵本が教える内容は非常にレベルが高いものでした。絵本の中で頻出する単語の一つに「Opportunity Cost」というものがありました。日本語に直せば「機会費用」となるかと思います。近所の人のお手伝いをして1ドルもらうと、すぐに1ドルのお菓子を買うことができるようになりますが、使わずに貯めておけば、再度1ドルをもらったときに、今度は2ドルのお菓子を買うことができるようになります。

「いま使うことが最善の選択なの?」

消費行動をする際に、もらったおこづかいの合計額という制約のもとで、何をどのように買えば最も満足度が高くなるのか、という判断を子どもたちは迫られます。やみくもに無駄遣いをせずに貯金しろというのではなく、**「使ってもいいけど、いま使うことが最善の選択なのか」**、ということを幼少期から判断させる習慣を付けさせるというのは、貯蓄を推奨することの多い日本とは大きく違う印象を受けます。

また、小学生になると4つの穴が開いた豚の貯金箱を用意して、**「貯めるか」「使うか」の2択ではなく、さらに「寄付するか」「増やすか」を加えた4つの選択肢の中から選ばせる**ようにします。投資人口が少なく、寄付文化がない日本とはこの点でも大きく違います。

何よりも、米国では未就学児や小学校低学年の頃からこのような内容に触れられる環境があるということは、日本でも金融教育を推進していくうえでは参考にすべきでしょう。

ちなみに、英国では2014年から公立学校のカリキュラムに金融教育が含まれており、より体系的なプログラムが提供されています。内容は、日本と米国を交ぜたような印象を持ちます。お金の管理やリスク管理、金融が社会の中でどのような役割を果たすかを学んでいきます。**批判的思考ができる消費者になるためのプロ**

グラムには、やはり「いま買うことが最善の選択なのか」などを判断させる「選択」を軸とした内容が盛り込まれています。日本ではマーケティングを学ぶ際に出てくる「ニーズ（客の目的）とウォンツ（ニーズを解決する手段への欲求）の違い」も未就学児が習うようになっています。また、数学の授業でも金融における利率や単位価格などを習うことになっています。

　このように米英の例を見ていくと、体系的なプログラムがどの程度用意されているかなど、多少の違いはあるものの、未就学児の頃から少しずつ金融教育を始めるという共通点があることが分かります。

7倍以上の教育格差？

　2022年8月に日本銀行が発表した資料によると、日本の家計の金融資産が2,005兆円（1ドル＝130円換算で15.4兆ドル）であるのに対し、**米国の家計の金融資産はその約7.5倍にあたる115.5兆ドル**（1ドル＝130円換算で1京5,015兆円）でした。人口規模が異なる（米国は日本の約3倍）とはいえ、その差が大きいことには変わりありません。英国でも家計の金融資産はこの何年かの間に大きく伸びており、日本は伸び率で大きく水をあけられています。

　その背景にはこれまで見てきたような日本と欧米の金融教育を巡る格差があると考えることもできそうです。とはいえ、高校の家庭科の授業の一部で金融教育を行うことになったものの、日本でも一足飛びで米国や英国のようなプログラムが実現すると期待

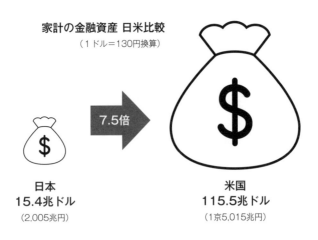

家計の金融資産 日米比較
（1ドル＝130円換算）

7.5倍

日本
15.4兆ドル
（2,005兆円）

米国
115.5兆ドル
（1京5,015兆円）

するのは、少々楽観的過ぎると考えます。私は起業した2018年時点から一貫して主張してきましたが、やはりしばらくの間は、**家庭での金融教育が重要**となると考えます。私も3人の子どもを持っていますが、何が正解なのかは分からないまま、試行錯誤しながら強制せずに楽しみながら子どもと一緒にお金の勉強をしています。

1

「金融教育」って何を教わるんですか？

まとめ

①アメリカでは、未就学児からレベルの高い教育を受けられる環境がある
②アメリカの金融資産は日本の7.5倍

06 森永さんはなぜ金融教育の会社を作ったんですか？

　2022年は金融教育という言葉を耳にする機会が一気に増えた1年だと書きましたが、私が金融教育ベンチャーのマネネを創業したのは2018年でした。たったの4年間ですが、私の目から見える景色は一気に変わりました。2018年の創業時は金融教育といっても、多くの人がいまいち理解を示してくれませんでした。しかし、2022年は多くの方から金融教育という文脈でさまざまなお問い合わせをいただくようになりました。それでは、なぜ2018年に金融教育ベンチャーを創業しようと思ったのか、その背景を読者の方に共有しようと思います。

起業ありきだった

　2018年から少しさかのぼること2016年。私は台湾で仕事をしていました。既に結婚もして子どもも2人いましたが、単身赴任で働いていました。当時は新型コロナウイルスの流行前だったこともあり、毎月のように日本には帰っていたのですが、台湾で働き始めて2年目になったとき、3人目の子どもが生まれました。妻が1人で3人の子どもの面倒を見るのも大変です。しかも、ある程度子どもが大きくなったら正社員として復職したいという妻の要望もあり、私は日本に戻ることにしました。

　しかし、日本に戻って会社員になってしまうと、朝早くにオフィスへ出社し、夜遅くまで仕事をして、その後に接待などの飲食に付き合うとなれば、それは単身赴任をしているのと何も変わらないわけです。そこで、私はひとまず会社を作って、自営業として時間の融通が利くようにしました。ただ、会社を作るにあたって、何をするための会社なのかを決めなければいけません。世の中に数多くいる起業家たちは、何か目的があって起業するわけですが、私の場合はまず会社を作ることが優先され、その後に何をするかを考えたのです。

金融商品トラブルに巻き込まれる友人たち

　せっかく会社を作るのであれば、何か世のため人のためになるようなことをしたいと考えたのですが、私には手に職があるわけでもなく、途方に暮れていました。自分に何ができるのかを考えていて思い出したのが、自分が大学生や社会人になったばかりのことでした。新しい生活が始まり、人間関係が広がっていく中で、**何人もの友人、知人が金融商品に関するトラブルに巻き込まれて**いました。

　絶対に儲かるとか、元本が保証されているとかの甘い言葉につられて詐欺に騙されてしまったり、営業員のセールストークに乗せられて明らかに過剰な保険内容で毎月の保険料の支払いが高い保険に加入してしまったりする友人、知人を数多く見てきまし

た。

　一方で、私のもとにも怪しい話は何度も持ちかけられることがありましたし、何人も金融商品の営業に来られたこともありました。しかし、いずれも自分に不要なもので、詐欺のような怪しい商品は自らの判断で断ることができました。

私がトラブルを回避できたわけ

　それでは、金融商品トラブルに巻き込まれた友人・知人と私の差はどこで生じたのでしょうか。決して、私が、頭がいいとか才能があったとか、そういうことではありません。謙遜しているわけではなく、実際に差が生じた理由があるのです。それは、ひとえに**金融リテラシーの有無の差**なのでしょう。

　なぜ金融リテラシーに差がついたのか。2022年4月に高校の家庭科の授業の中で金融教育が始まるまでは、日本では金融教育を受ける機会がほとんどありませんでした。一方で、私はたまたま父親がシンクタンクで経済調査をしていたことから、幼少期から経済レポートや経済学書に囲まれて育ちました。そのため、中学校に入る前後から独学をして金融リテラシーを身につけていたのです。

　つまり、金融リテラシーを身につけるための**教育を受ける機会があったかどうかの違いが、金融トラブルを回避できるかどうか**

につながっている。しかし、その機会の有無は生まれ育った環境によって左右されてしまう。それはおかしくないでしょうか？

　好き嫌いは別として、少なくとも私たちが生活する現代社会においてはお金と無縁で生きていくことはできません。お金を使わなければご飯も食べられませんし、電気やガスも使えません。そのために私たちは仕事をして給料というお金を稼ぐわけです。子どもでさえ、おこづかいやお年玉というかたちでお金を手にして、貯金をしたり使ったりしています。

┃ 誰もが公平に金融教育を受けられるように

　そんなお金の知識を身につけられるかどうかが生まれ育った家庭環境に左右されるのはおかしな話です。とても不公平です。そこで、誰でも小さいときから金融教育が受けられる環境を作ろうと思い、それを新しく作る会社の事業内容にしようと決めたのです。

　起業当初は英語やプログラミングのように、金融教育も義務教育の科目にしようと学校関係者、関係省庁、地方自治体、そして現場の教師たちと話をしていましたが、そこには非常に高い壁があることに気づきました。指導要領を少し変えるだけでも何年もかかりますし、そもそも現場で働く先生たちは既にやることが多すぎて、新しいことをカリキュラムに追加できる余裕もありません。

この現状を知ったときは少しがっかりしましたが、義務教育で教える余裕がないということは、自分のような民間の活躍の場が残されているとも考えられます。そこで、そこからは地道にお金の授業を全国で展開していったのです。

まとめ

著者が金融教育の会社を立ち上げたのは、誰もが公平にお金の教育を受けられる環境をつくるため

第 2 章

いまさら聞けない!?
お金の基礎知識

あなたは「お金とは何か?」と聞かれたら説明できますか? お金の定義から値段の決まり方、インフレ・デフレについて、政府や日銀の役割まで、お金にまつわる「基本のき」を森永先生に分かりやすく教えてもらいましょう。

そもそも「お金」って何ですか？

　金融教育を一言で説明しなさいと言われたら「お金の勉強」と答えますし、金融リテラシーを一言で説明しなさいと言われたら「お金の知識」と答えます。両者に共通して出てくる言葉は「お金」ですが、そもそもお金とは何なのでしょうか？

　子ども向けにお金の授業をすることも、大人相手に講演することも多くあるのですが、正直なところ、子どもとの質疑応答が一番緊張します。プロの投資家、経済の専門家、政治家、官僚などお金に詳しそうな人たちとの質疑応答も緊張はするのですが、しっかり回答できるかどうかという不安は、子どもを相手にするときが最も大きくなります。

お金とは？──あなたは答えられる？

　子どもから投げかけられる質問は非常に本質的なものが多く、しかも適当にしゃべってごまかすこともできません。そんな核心を突いてくる子どもがよくしてくる質問の一つが、「お金って何？」というものなのです。誰でも答えられそうな簡単な質問だと思うかもしれませんが、読み進める前に少し「自分だったらどのように答えるだろう」と考えてみてください。いざ答えようと

すると、意外と適切な回答が見いだせないかと思います。

お金の成り立ち

　私が子どもの頃、お金の成り立ちとして習ったのは以下のような話です。

　まだ日本にお金がなかった時代、島国の日本では山に住んでいる人は狩りで手に入れた肉を持って海へと下りていき、海辺に住む人は漁で手に入れた魚を持って山へ向かい、肉と魚を物々交換しようとしました。しかし、必ずしもすぐに肉と魚を交換する相手が見つかるわけではなく、それぞれが欲しい人を探すうちに肉も魚も腐ってしまいます。そこで、「肉と魚を物々交換したい人は、いついつ、ここに集まろう」というようなルールを作り、これがいまの「市場」の起源となりました。

　それから時が流れ、中国から稲作が伝わると、今度は肉や魚などの保存がきかない物を交換するのではなく、保存がきく稲を交

換手段にしようということになります。そこから徐々に稲が貝や石、布などに変わっていきました。貝や石なんて価値がないじゃないかと思う方もいるかもしれないので正確に言うと、貝は「宝貝」、石は「丸く削られ装飾されたもの」、布は「着物やカーペットの素材」で、それそのものに価値があるように加工されていました。つまり、**これがお金の起源である**と習ったのです。

お金の起源になった貝や石は、その後、金などのより価値の高い貴金属へと変わっていくのですが、貴金属でできた硬貨は素材自体に高い価値があるため、使用される間に削られてしまったり、そもそも自然とすり減ってしまったりします。そこで、紙幣へと変わっていきました。そして、その**紙幣は貴金属との兌換（引き換えること）が政府によって保証**されるようになっていきます。

米国は金とドルの兌換を保証していた時期があり、それゆえに世界の基軸通貨として強い存在感を示していました。しかし、ベトナム戦争による軍事費拡大などで財政が悪化して金が国外へ流出したことで金とドルの兌換ができなくなり、ついには1971年に金とドルの兌換を停止します。その結果、ドルの価値が急落しました。これを「ニクソンショック」と呼びます。

1万円紙幣の価値は本当に1万円？

この辺りの話は、中学校や高校の社会、歴史の授業で習うので、読者の中にも「懐かしいなぁ」と徐々に記憶がよみがえってきた方も多いでしょう。しかし、このお金の起源とその変遷について冷静に考えてみると、少し疑問がわいてきませんか？

1万円の紙幣をいつでも1万円分の価値がある金と交換してもらえるということであれば、誰もが紙幣を使うことに違和感はないと思いますが、実際には**1万円の紙幣を日本銀行やメガバンクに持ち込んだとしても1万円分の金とは交換してもらえません。**

1万円紙幣の原価は20円ちょっとであるにもかかわらず、私たちはなぜ1万円紙幣を1万円分の価値があるものとして受け取り、また使うことができるのでしょうか。この疑問に説得力をもって答えるのは意外と難しいのです。

貨幣は貸し借りの記録の単位

　実は近年、これまでのお金の起源の説が間違っていたと指摘する人たちが増えています。たとえば、英国の経済学者フェリックス・マーティンが2013年に出版した『21世紀の貨幣論』（東洋経済新報社、邦訳は2014年刊）で紹介された、ミクロネシア・ヤップ島で見つかった石のお金「フェイ」。これは直径が最大で4メートル弱の世界最大のお金ですが、当然ながら運べないため、取引は記録され、それに基づいてフェイの所有権が主張されたそうです。また、紀元前3500年頃のメソポタミアにおいては、神殿と国民の間における債権と債務の関係が粘土板に記録され、それが貨幣として扱われていたとされています。

　つまり、元々は貸し借りの記録を石や粘土板に記録し、それを計る単位として貨幣が存在し、その後にモノとしての貨幣、つまりお金が誕生した、というのが近年主張されているお金の起源の説明なのです。

お金とは借用証書である

　急に話が難しくなってしまったので、簡単な例を出したいと思います。たとえば山に住むAさんが海辺に住むBさんから魚をもらう代わりに、猟が成功したら肉をあげるという借用証書（お肉との引換券）を渡したとします。そこに船を作っているCさんがきて、BさんはCさんから船をもらう代わりに、先ほどAさんか

2

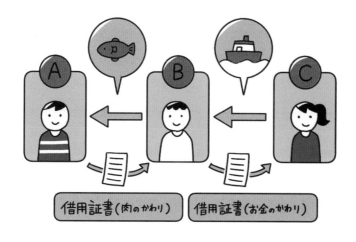

らもらった借用証書を渡したとしましょう。この3人の世界には
お金は存在しませんが、借用証書がお金と同じ機能を果たしてい
ます。つまり、債務を記録したものがお金である、というわけで
す。

国のお墨付きがないとただの紙グズ

　この話を子どもにすると、「それなら誰でもお金を発行できる
じゃないか」という意見が出てきます。理論上はその通りでしょ
う。しかし、先ほどの例で言えば、AさんとBさんの間に絶対的
な信頼関係があれば問題ありませんが、AさんとCさんに面識が
なく、CさんにとってはAさんの借用証書など信用できないとな
れば、この話は成り立たなくなるのです。つまり、不特定多数の
中を流通するお金は、国家などの絶対的な信用力がないと発行し

ても流通しないということになります。

　たとえば、中米のパナマでは国内通貨の力が弱いため、米国のドルを通貨として使っています。国家の信用がなければ自国通貨が流通しないということも起こり得ます。

　このように「お金って何?」というシンプルな質問に対して、史実に基づいたさまざまな説を説明するだけでも、授業1コマでは収まらないほどの説明をしなければならないのです。しかし、この最も基本的な部分をしっかりと正確に理解してもらわないことには、将来的に学んでいくだろう経済の難しい話を完璧に理解することはできないのです。

まとめ

①学校で習ったお金の成り立ちを疑ってみる
②お金とは貸し借りの「借用証書」である
③国のお墨付きがないとただの紙くずになる

02 モノの値段はどうやって決まるのですか？

　日常生活の中で「お金」の存在を感じるのは、どのようなとき
でしょうか。一番分かりやすいのは、買い物で値札を見るときで
しょう。給料をもらうときにも感じるかもしれませんが、頻度が
月に1回ですし、多くの場合は振り込まれるだけで実際に手渡し
されることはありません。そう考えると、やはり買い物のときか
なと思います。

価格の決まり方

　それでは、値札に書かれているモノの価格はどのように決まる
のでしょうか。モノの価値を金額で表したものを価格と言います
が、この**価格の決まり方をしっかりと理解することが、お金の勉
強をするうえで非常に重要**だと考えます。

　経済学部で勉強をすると、需要曲線と供給曲線を使って価格の
決定方法を学ぶのですが、本書ではそのような難しい言葉は使い
ません。もっと簡単に考えていきましょう。

砂漠で買う水の価格は？

たとえば、あなたが砂漠で迷子になり、脱水症状でいまにも倒れそうだとします。そこに1人の商人がやってきて、500mlペットボトルの水を1本売ろうとしたら、1本1,000円でも買いますか？　私は買うと思いますし、読者の方の多くも「背に腹は代えられない」ということで買うのではないでしょうか。しかし、普段の生活の中で500mlペットボトルの水を買おうとした場合、1本1,000円で買うことはまずないでしょう。自動販売機で買えば120円前後ですが、スーパーなどに行けば100円以下で買えることもあるでしょう。

同じ量で中身も同じ水なのに、どうして価格がこんなにも変わるのでしょうか。それが**需要と供給**ということなのです。ノドがカラカラでも砂漠には水がありません。水を飲まないと脱水症状

で死んでしまう……。そう思ったときに1本だけペットボトルの水が目の前に差し出されれば、いくら払ってでも買いたくなります。つまり**砂漠という供給が極端に少ない状態で、かつ脱水症状目前という強い需要があるからこそ、価格が高騰**します。

供給量と需要のバランス

一方で、日常生活では脱水症状直前まで追い込まれることも少ないですから、通常はノドが渇いたから何か飲みたいなぁ、程度の緩い需要があり、それに対して、自動販売機、スーパー、コンビニとあらゆる場所で手に入るほど供給が大量にあるため、価格は一気に下がります。つまり、**価格というのは、供給量がどれぐらいあって、それを欲しがる人、つまり需要がどれぐらいあるのか、という2つの関係が一致するところで決まる**のです。

ここで価格の説明を終えてしまえば、なんともシンプルなのですが、実は価格の決定要因には奥深いものがあります。子どもでも分かるレベルで話を進めたいので、実際にわが家で起きた価格にまつわる2つのストーリーを共有しましょう。

100均コップ vs 人気キャラコップ

1つ目のストーリーは、ちょうど長女が自分で歯磨きをするようになった頃、自分専用のコップが欲しいというので、100円均一の店でプラスチックのコップを買ったときのことです。無地で

薄いピンク色のプラスチック製のコップでしたが、初めての自分のコップということでとても喜んでいました。そして、翌日に大人気の有名テーマパークに遊びに行ったところ、長女がお土産コーナーで前日に自分が買ってもらったコップが売っていると言うのです。たしかに、そこには薄いピンク色のプラスチック製のコップがありましたが、唯一の違いはキャラクターのプリントがされているということでした。まだ算数などできない長女でも値札を見て分かるレベルで、そのコップの価格は高いものでした。長女は混乱していました。**同じコップなのに、プリント一つあるかどうかで、こんなに金額が変わる**のかと。

　しかし、先ほどの話を思い出してみましょう。それだけ価格を高く設定していても売れるということは、その価格でも欲しがる人がたくさんいるということでしょう。この場合、そのキャラク

¥100　¥980　え、なんで？

ターのプリントにそれだけの付加価値があるということです。付加価値というと子どもは分からないかもしれませんが、要は**カッコよかったり、可愛かったりすると、それ自体も価値として認められる**のです。

安いけど遠い vs 高いけど近い

　２つ目のストーリーは、子どもと広告を見ていたときのことです。わが家は新聞を紙でとっていたため、近所の店の広告が毎日何枚も差し込まれてきました。住宅街に家があるので、周辺のスーパー、全部で４つぐらいの広告が入ってくるのですが、金融教育の一環として、子どもを膝に乗せて広告を見比べていると、同じキュウリでも値段が微妙に違うことに気付きます。「どのキュウリを買う？」と聞いてみると、娘は当然のように一番安いものを選びました。

　しかし、今度はそれぞれのスーパーの立地を一緒に思い出します。一番安いものは近所とも言いづらく、１駅ほど離れたところにあります。家から徒歩数分の所にあるスーパーは、十円ほど高いのですが、行くことを考えれば最も便利なわけです。そのように、価格だけではなく立地もあわせて再度尋ねたところ、今度は高いけど一番近くのスーパーでキュウリを買うと言いました。

　子どもにとっては行くのが面倒というだけの話なのですが、これを大人の選択として考えるのであれば、**買い物をするための往**

復の時間や労力、交通費などもキュウリを手に入れるまでの手間
賃として感覚的に計算したということになります。その際に用い
る数字は自分が働く場合の時給でもいいかもしれません。

　このように、価格は需要と供給が一致するところで決まるわけ
ですが、その需要や供給は様々な要因で変化するのです。

　これまでは買い手目線で話をしてきましたが、当然、売り手側、
つまり供給サイドにも価格を決める際に様々な要因が関わってき
ます。たとえば、新型コロナウイルスの感染拡大や、ロシアによ
るウクライナ侵攻をきっかけにして原油価格をはじめとするエネ
ルギー価格や、素原材料、食料品の価格が高騰したことは記憶に
新しいと思いますが、このようにコストが増えれば、価格転嫁し
て利益率を維持しようとするのが経営者の普通の発想です。

　しかし日本では、物価が上昇しない、または下落する期間が長らく続きました。それでは日本ではその間、コストが一切上昇していなかったのでしょうか。そんなことはありません。実は日本の消費者が値上げに敏感で、少しでも価格転嫁をすると買われなくなってしまい、価格転嫁を我慢した競合に客を奪われてしまいます。そこで、なんとか人件費を削ったり、設備投資を控えたりして、売価の上昇を抑えていたのです。少し難しい話になってきそうなので、次にまとめてこの辺りの説明をしていきたいと思います。

まとめ

①砂漠で買う水の値段は高くなる（需要と供給のバランスが価格を決める）
②付加価値によっても価格は変わる
③利便性も価格に影響を与える

2

いまさら聞けない!?　お金の基礎知識

03 「インフレ」と「デフレ」って何ですか?

　経済に関する書籍を読んでいると、「インフレ」や「デフレ」という言葉をよく見ます。まったく言葉の意味が分からない、そもそも聞いたことがないという方もいるでしょう。一方、なんとなくモノの値段に関する言葉だ、くらいは分かるという方もいるでしょう。

　インフレやデフレについて学ぶ前に、モノやサービスの値段について学んでいきましょう。まず、モノやサービスの値段とは何を指すのでしょうか。「値段」を少し難しくと言うと「価格」や「物価」という言葉が思い浮かぶと思いますが、実はこの2つは同じようでいて、正確には意味が違います。何が違うんだ、と不思議に感じるかもしれませんが、少なくとも経済の世界においては明確に使い分ける必要があります。

価格と物価は別物

　価格とは「リンゴが1個100円」のような、いわゆるモノやサービスの個別の値段を指します。一方で、物価とはさまざまなモノやサービスの価格の集まりを指します。たとえば、スーパーに行って、肉も魚も調味料も全体的に価格が上がっているなと感

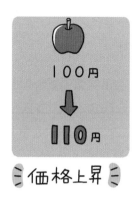

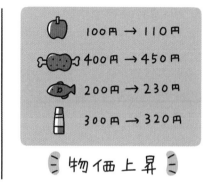

じたときに、**物価が上昇している**、と表現するわけです。そして、上昇しているなと感じた際に、どれぐらい上昇したのかを表すために、前の年の同じ月と比べてどれぐらい上昇しているかという変化率を用います。

　物価が上昇しているかどうかを確認する際に一般的に用いられるのは、総務省が毎月１回発表している消費者物価指数です。消費者物価指数は世帯が購入するモノやサービスのうち、食料費や交通・通信費など世帯の消費支出上一定の割合を占める重要なものを品目として選びます。次に、この家計消費支出割合に基づいて指数の計算に用いる各品目のウエートを求めます。ちなみに、現在算出に用いられている品目の数は582品目になります。

3つの消費者物価指数

消費者物価指数が発表されると3種類の指標に注目が集まります。全体の値動きを表す「総合」と「生鮮食品を除く総合」「生鮮食品及びエネルギーを除く総合」です（p. 70のグラフ参照）。なぜ生鮮食品を除くかというと、天候要因などで生鮮食品の価格は大きく変動してしまうからです。エネルギーを除く理由も同じようなもので、戦争やテロなど海外要因や投機資金の流出入によって大きく変動するエネルギーの影響も取り除くことで、価格ではなく物価の趨勢（すうせい）を正確に捉えることができるのです。

「インフレ」「デフレ」をシンプルに言うと？

物価が上がるとニュースではインフレという言葉を耳にする機会が増えます。インフレとはどのような意味なのでしょうか。インフレは「インフレーション」の略で物価が継続的に上昇する状態を意味します。一方で、インフレとよく似た言葉にデフレというものがありますが、デフレは「デフレーション」の略で物価が

インフレ・デフレ・スタグフレーション

インフレ	デフレ	スタグフレーション
物価上昇↗	物価下降↘	物価上昇↗
景気上昇↗	景気下降↘	景気下降↘

継続的に下落する状態を意味します。インフレやデフレと似たような言葉で「スタグフレーション」というものもありますが、これは不況下でも物価が上がる現象のことを指します。

「良いインフレ」と「悪いインフレ」

難しく感じていた言葉も、このようにシンプルに説明すれば実は簡単なことだったと理解できるかと思います。もう少し深く学んでいきましょう。インフレは「良いインフレ」と「悪いインフレ」に分類することができます。インフレに良いも悪いもあるのか、と疑問に思われた方もいるかもしれませんね。

日本経済が成長し、企業も増収増益。その結果、国民の賃金も上昇し、多くの国民が欲しいものを買う。需要がどんどん旺盛になり、供給が追い付かなくなると物価が上昇します。これがいわゆる「良いインフレ」です。

一方で、別に景気も企業の業績も良いわけではなく、国民の賃金も上がっていないのに、原油や天然ガスなどエネルギー価格が高騰し、企業が価格転嫁をして物価が上昇するような状態は「悪いインフレ」と言えます。悪いインフレの場合は水道光熱費や食料品など生活に欠かせない品目の価格が上昇する一方で、賃金は上昇していないわけですから、家計はダメージを受けてしまいます。この場合は政府が減税をしたり、給付金を配ったりするなど、いわゆる財政政策によって家計の消費を下支えし続けないと本格

的な不況に陥ることが懸念されます。財政政策については次の項目で詳しく説明します。

まとめ

①価格と物価は別のもの
②インフレは物価が継続的に上がる状態
③デフレは物価が継続的に下がる状態

04 インフレとデフレの デメリットは何ですか？

インフレだとお金の価値が下がる？

　インフレになると、モノやサービスの値段が上がるわけですから、賃金がそれ以上の速度で上昇しないと困ってしまうのは容易に理解できると思いますが、もう一つ困ることがあります。それは、お金の価値が下がってしまうことです。少し意味が分からないかもしれませんので、シンプルかつ極端な例を出してみましょう。たとえば、1つ100円で売っているリンゴがあったとします。翌年に物価が2倍になって、リンゴの値段は1つ200円になってしまったとします。すると、同じリンゴ1個を買うのに、100円玉1枚でよかったものが1年経つと2枚必要になります。ですから、

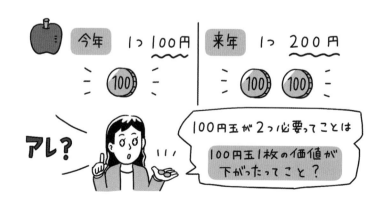

67

インフレになるとお金の価値が下がってしまったことが分かるかと思います。

　貯金で考えるとより分かりやすいかもしれません。100万円の貯金があったとして、翌年に物価が2％上がると、貯金として持っていた100万円の価値は逆に2％減ってしまいます。

　日本人は保有する資産の大半を現預金のままにしておく人が多いのですが、**インフレになると現金や預金の価値は目減りしてしまい**ます。すると、金や不動産などの実物資産や、株式などに投資をしてインフレ対策を考える必要が出てきます。株式は実物資産ではありませんが、経営者はインフレ環境に応じて経営をしていくため、たとえば値上げで収益を維持するなど対策を練りますから、インフレに強いとされるのです。

┃ デフレの恐ろしさとは？

　次にデフレについて考えてみましょう。デフレは継続的にモノやサービスの値段が下がるんだから、消費者にとってはうれしいことじゃないか、と思う方もいるかもしれませんが、個人的には**インフレよりもデフレの方が恐ろしい現象**だと思います。デフレになるキッカケや、デフレになると起こることを、順を追って考えてみましょう。

　たとえば景気が悪くなり、人々が節約を始めたとします。そう

すると、企業はモノが売れなくなるので、値下げをして売ろうとします。しかし、モノが売れなくなったからといって、タイミングよく原材料価格が下落するわけではありませんから、企業は利益率を維持するために人件費を削減します。人件費を削減するということは、消費者がもらうボーナスが少なくなったり、給料が上がらなくなったりすることを意味しますので、消費者はさらに節約をするようになります。そうすると、企業はさらにモノの価格を下げるため、人件費を下げていきます。

このようにして、一度デフレの状態に陥ると、どんどん悪い循環が続いてしまいます。この循環を**デフレスパイラル**と言います。日本はバブル崩壊以降、デフレ経済に突入してしまいました。

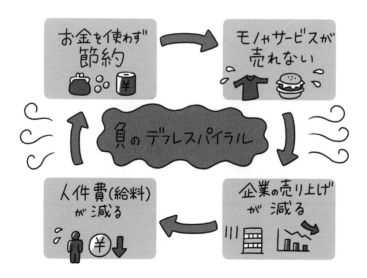

いわゆる「失われた30年」という低成長時代を過ごしたわけですが、主要な先進国は日本のようにならないために、金融政策と財政政策を適切に行おうとしているのです。

日本は本当にデフレなの？

さて、ここまでを読めば物価についてかなり詳しくなったかと思いますが、日本のデフレ経済というのは、その間ずっとモノやサービスの値段が下がり続けたということなのでしょうか。データを見てみましょう。下図は日本の消費者物価指数の上昇率の推移を1971年から2021年までグラフ化したものになります。

日本の消費者物価指数（前年比）の長期推移

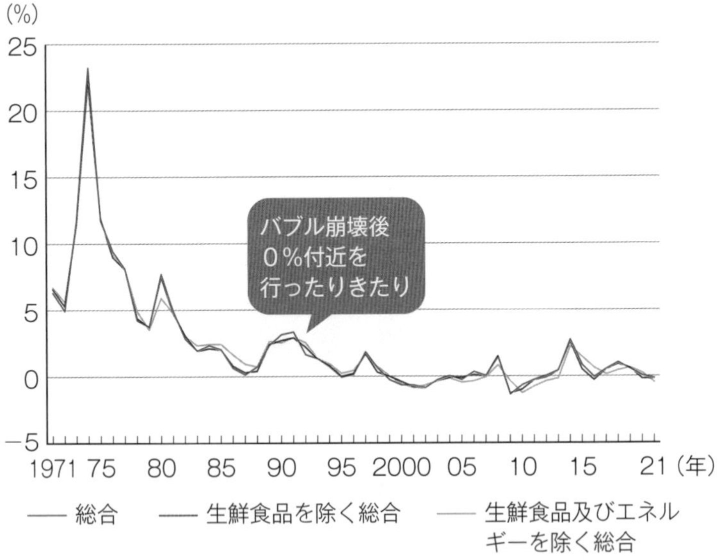

バブル崩壊後
0％付近を
行ったりきたり

(%)
25
20
15
10
5
0
−5
1971 75　　80　　85　　90　　95　2000　05　　10　　15　　21 (年)

―― 総合　　―― 生鮮食品を除く総合　　―― 生鮮食品及びエネルギーを除く総合

（出所）総務省「消費者物価指数」のデータを基に株式会社マネネが作成

　グラフを見てみると、たしかにデフレの期間もありますが、ずっと物価上昇率がマイナスなわけではないことが分かります。それでは、なぜデフレ経済と表現されるのでしょうか。政府のこれまでの発言から考えると、デフレを判断するにあたっては、需給ギャップ（一国の経済全体の総需要と供給力の差のこと）やユニットレーバーコスト（生産一単位あたりに要する人件費）といったマクロ的な物価変動要因と、これまで紹介してきた消費者物価指数やGDPデフレータ（物価の変動を表す物価指数。名目GDPを実質GDPで割ったもの）などの物価の基調や背景を総合的に考慮して判断しているからと推察できます。

　つまり、物価上昇率がプラスでもアベノミクスにおける「デフレ脱却」が達成されていないということで日本銀行が金融緩和を維持している理由は、単純に物価上昇率だけで判断をしていないことの表れとも言えるでしょう。

　しかし、国際決済銀行（BIS）や国際通貨基金（IMF）は過去に「少なくとも2年間の継続的な物価下落」をデフレの定義としており、それに基づけば日本はデフレではないということになります。

まとめ

①インフレはお金の価値が目減りする
②一番怖いのはデフレスパイラル
③日本のデフレは物価だけでは判断できない

2

いまさら聞けない!?　お金の基礎知識

05 政府は景気を良くするために何ができるのですか？

　景気には波があり、景気が良い時もあれば、悪い時（不況）もあります。その変化の要因はさまざまなため、景気変動の要因はその都度特定しなくてはいけないのですが、国としてできることは大きく分けると主に２つあります。**１つ目は財政政策。これは主に政府の仕事**になります。**２つ目は金融政策で、これは主に中央銀行の仕事**になります。本項では財政政策について学びましょう。

財政政策〈その１〉　財政出動

　財政政策と聞くと、なんだか難しく感じるかもしれませんが、実はこれも簡単に説明することは可能で、主に２つの方法で景気に影響を与える政府の政策と言えます。１つ目は**公共事業によって、雇用を拡大したり、個人の所得を増加させたりして景気を良くする**という方法です。公共事業の例として分かりやすいのは、ダムや橋、高速道路をつくることでしょうか。

　たとえば、政府が100億円の公共事業をA社に発注したとします。この瞬間、A社には100億円の売り上げが発生しますね。そこで、A社は40億円を自社に確保して、それを社員に給料として支払います。そして、残りの60億円を下請けの建設会社Bに発注し

たとします。B社は30億円を自社に確保して社員の給料に充て、残りの30億円を資材メーカーのC社に発注します。C社は20億円で資材を調達し、残りの10億円は社員の給料に充てたとします。

　政府が100億円の公共事業を発注したことで、関係する3社に売り上げが発生し、各社の社員は給料を得ます。そして、それで終わりではなく、給料をもらった各社の社員はそれぞれご飯を食べたり、洋服を買ったりするために給料を使うため、今後は飲食店や洋品店に新たな売り上げが発生するのです。このようにして、**政府が景気を良くするために、お金を使うことを財政出動**といいます。

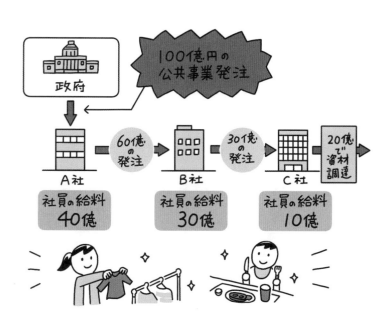

財政政策〈その2〉　税金の増減

　2つ目は**所得税や法人税、消費税などの税金の税率を変化させ
たり、課税の制度を調整したりする**ことです。税金の調整で、家
計の可処分所得（給与収入金額 − [社会保険料 + 所得税・住民税
の額]）を増減させたり、企業の利益率に影響を与えることで消費
や投資を促したり抑制したりして、景気に影響を与える方法があ
ります。

　私たちが一番身近に感じている税金といえば消費税だと思いま
すが、消費税は買い物をする度に支払う税金です。執筆時点にお
いては、消費税率は10％ですから、1万円の買い物をすれば、消
費税として1,000円を余分に払うことになります。つまり、少し変
な言い方かもしれませんが、消費税は消費をする際に払わなけれ
ばならない罰金のようなものです。したがって、当然ながら**消費
税率を引き上げれば、消費は冷えて**いきます。ですから、景気が

悪くて家計が消費をしないのであれば、**消費減税をすることで消費を促すことができ**ます。一方、景気が過熱しすぎて、家計が過剰なほど消費しているようなときは**消費増税をすれば、消費を意図的に抑え込むことが可能**になります。

税率以外の調整法

また、税金には税率だけでなく、**課税対象を変えたり、課税の制度を変えたりする**ことで、経済にさまざまな影響を与えることが可能となります。たとえば、私たちが消費税以外に身近に感じる税金に所得税がありますが、所得税には累進課税という制度が設けられています。所得が多い人ほど多くの税金を納め、所得が低い人は納める税金の額が少なくなるように、税率が所得の額に応じて段階的に設定されています。この制度によって、格差の縮小が期待されるのです。

また、消費を抑制する消費税と似たような考えですが、**好ましくない行為を抑制する**ことにも税は活用できます。たとえば、タバコは身体に悪いと考えたとしましょう。しかし、既にタバコ産業に従事する人が非常に多く、タバコを禁止にしてしまうと多くの人が職を失ってしまう場合、タバコに多くの税金を課すことで、タバコの価格が上昇し、結果としてタバコの需要を押し下げることが可能になります。

それ以外にも、国内で保護したい産業があった場合、海外から

の安い輸入品と競合にならないように、対象商品に高い==関税を課すことで、特定の国内産業を保護==して成長させることも可能になります。

このように、財政政策は政府が投資を通じて景気を浮揚させたり、税を通じて国内経済における消費や投資を促進、または抑制したりするのです。

公共投資をどんどんすればいい？

財政政策についての説明はこれまでの内容で十分かと思いますが、少しだけ踏み込んだことも考えてみましょう。政府が公共投資をすればどんどん景気が良くなるというのであれば、ひたすら公共投資をすれば日本経済はずっといいままだと考える方もいるかもしれません。しかし、物事はそんなに単純ではありません。

たとえば、50兆円の公共投資をしようとしても、そもそもそれだけの案件を受注して対応できるほど人材に余裕がある会社は存在しないでしょうし、仮に50兆円を国民に直接給付した場合、1人あたり40万円ほどが配られることになります。わが家は5人家族ですから、いきなり200万円が振り込まれることになります。こうなると、多くの人が一気に消費をして景気は良くなるかもしれませんが、==需要が一気に高まって供給が追い付かず、予期せぬインフレを招くかも==しれません。逆に1人1万円だけ給付したとしても、所得が低い人は公共料金や税金の支払いに充て、それ以

外の人は将来に備えて貯蓄してしまうかもしれません。

　このように、財政出動を考える際には、やみくもに大金をバラまいたり、逆にほんのわずかのお金を国内経済に支出したりするだけでは、期待される効果が発揮されないこともあります。そこで、重要なことは財政出動を2つの観点から考えることです。

┃ スピード優先 vs 効果優先

　まず、とにかくスピードが求められる場合は、効果よりも効率重視で行うケースです。たとえば、感染症や天変地異、有事などによって、今を生きるのにも精一杯なギリギリな人たちを救うためには、一律での現金給付が効果的です。しかし、一律で給付するということは、そもそもお金にまったく困っていない富裕層にもお金を配ることになります。支援という観点からすれば、まったくもって無効果と言えるでしょう。ただ、ここで効果を考えすぎて、給付をする線引きをいろいろと議論していると、その間にも本当に困っている人たちは生活ができなくなり、最悪の場合は命を落としてしまうかもしれません。そこで、まずは**効果よりも効率を重視して一律で給付し、給付金を使わなかった人からは後に税金として徴収**すればいいという考え方です。

　次に効果を重視する財政出動です。たとえば、AIなどの最先端技術や、まだ開発の余地が大きい宇宙事業に投資をしたり、子どもたちへの教育に投資したりすることで、**将来的には投資した金**

額以上のリターンが見込める可能性が高い分野に的を絞るという方法です。たとえば、日本は米国や中国に比べると、明らかに科学技術への投資が少なく、これが現在の経済力や軍事力の差につながっているとも言えるでしょう。

しかし、どの投資の費用対効果が高いかを事前に把握することは不可能です。いわゆる「選択と集中」という考え方は非常に正しいと思いますが、実際にそれを行おうとしても明確な根拠を持つことは難しいため、やみくもにばらまくことが良くないのと同様に、根拠もなく投資対象を絞ってしまうことも良くないのです。

これが政策を決めるうえで一番難しいところですね。これからニュースで政府が何かしらの経済対策の案を出した場合、この観点から政策内容を吟味してみると、ニュースの受け止め方が変わってくるかと思います。

まとめ

①政府にできる景気対策は「財政出動」と「税金の増減」
②公共投資は際限なくすればいいというものではない
③財政出動は「スピード」と「効果」をてんびんにかける

日本銀行は私たちのために
何ができるのですか？

06

　金融政策は政府ではなく中央銀行が行う政策になります。日本
では日本銀行が中央銀行にあたります。日本銀行法では、日本銀
行の目的を、「わが国の中央銀行として、銀行券を発行するととも
に、通貨及び金融の調節を行うこと」および「銀行その他の金融
機関の間で行われる資金決済の円滑の確保を図り、もって信用秩
序の維持に資すること」と規定しています。また、日本銀行が通
貨及び金融の調節を行うに当たっての理念として、**「物価の安定**
を図ることを通じて国民経済の健全な発展に資すること」を掲げ
ています。

　少し難しいかもしれませんが、簡単にまとめてしまえば、景気
が悪くなって消費が冷え込み、物価が下がるようなときや、景気
が過熱して旺盛な需要に供給が追い付かず物価が上昇しすぎてし
まったときなどに、**金融政策によって物価を安定させることを通**
じて、国内経済を程良い状態にするということです。

▌金利の上げ下げで物価を調整

　中央銀行が行う金融政策にはいくつか種類がありますが、最も
分かりやすいのは**金利を操作する**ことです。金利と聞くと難しく

感じるかもしれませんが、銀行にお金を預けると少しだけ利子がついたり、銀行からお金を借りるときに借りた金額に加えて少しだけ余分に払ったりしますよね？　これらの利子としてもらえる金額や、余分に払わなければいけない金額に影響を与えるのが金利です。

　既に経済系のニュースを日頃から確認している方は、「利上げ」や「利下げ」という言葉には馴染みがあるでしょう。たとえば、国内の景気がすごく良くて、過熱気味だとしましょう。こうなると、需要がどんどん高まっていきますから、供給が需要の増加に追いつかなければ必然的に物価は上昇していきます。物価の上昇速度が賃金の上昇速度をはるかに上回ってしまえば、家計は苦しくなっていきますから、**金利を引き上げて景気を意図的に冷まして**いきます。

　なぜ金利を上げると景気が冷えるか分かりますか？　たとえば、金利を引き上げると住宅ローンの金利も引き上げられますし、銀行が企業に融資をするときに求める返済の金利も高くなります。そうなると、ローンを組んで家や自動車を買おうとする人も減りますし、銀行から融資を受けて設備投資をしようと考える経営者も減りますから、消費や投資が抑えられるということなのです。逆に景気が悪くなった場合は、金融政策としては金利を下げる、つまり「利下げ」をするということになります。

金利が低いのに景気が良くならない不思議

　金融政策と聞いて難しい印象を持ったかもしれませんが、以上のような説明を聞くと、実は非常にシンプルな話だと安心したのではないでしょうか。さて、金融政策による景気への影響は分かったかと思いますが、ふと気になることが出てきませんか？ **日本は景気が悪いから金利をずっと低くしているのに、一向に景気が良くなっていない**ということです。これは大事なポイントで、金利を低くしているだけでは十分ではないのです。金利低下に合わせて、政府が積極的にお金を出したり、減税をしたりするという財政政策が重要なのですが、**なぜか日本では景気が過熱したときに行うとされる増税を不景気のときに何度も断行**してしまいました。なぜ、そのようなことをしてしまったのかは、後々詳しく説明をします（p. 202参照）。

理屈と現実のギャップ

それでは、金融政策について基本的なことを理解したうえで、従来考えられてきたことに対して批判的な観点も持ってみましょう。それは、「金利を変動させて景気や物価をコントロールできるのか」という点についてです。

先ほどは「利上げ」のケースを見ましたので、復習も兼ねて今度は「利下げ」のケースを考えてみましょう。**金利が下がれば資金を調達する際のコストは下がりますから、その結果、融資を受けて投資をする企業が増えて、雇用も生産も発生する。また、ローンを組んで住宅や自動車を購入する人の数も増えて、結果として景気も良くなっていく**。理屈としてはこれでまったく問題ないですよね。ただ、現実にはどうなのか、ということを考えてみてほしいのです。

たとえば、あなたが企業経営者だとします。金利が下がったからといって、融資を受けて投資をしようとしますか？ 私も会社を経営したり、いくつかのベンチャー企業の経営に参画したりしていますが、金利が下がっただけで融資を受けて投資をしようという意思決定はしないと思います。どちらかというと、投資をしたら高い確率で儲けられる状態にある、または、最低でも投下資金を回収できるという強い確信が持てる案件があれば、仮に金利が高かったとしても融資を受けて投資をします。しかしそうでないなら、いくら金利が下がろうと融資を受けてまで投資をするこ

とはないでしょう。

　このように考えると、金利を下げたら投資や消費が増えて景気が良くなるというのは机上の空論で、現実の社会はそんなに単純ではない、という考えも出てきそうですよね。実際に「馬を水辺に連れていくことはできても、無理やり飲ませることはできない」という表現で金融政策を表現することもあります。

　実際にコロナ禍やウクライナ戦争の影響で物価が急上昇した米国ではどんどん利上げをしましたが、物価は上昇し続けていました。これがもし景気が過熱して需要が高まることで物価が押し上げられているなら、金利を引き上げることで物価上昇を抑え込むことができたのかもしれません。しかし、戦争や天変地異などを理由にエネルギー・資源価格が高騰してしまっている場合は、金利を引き上げてもそれらの価格を下落させることはできないわけです。したがって、利上げをすると物価が下がるとは言いきれないということになります。

　別の角度からも考えてみましょう。仮に利上げをして調達コストが上昇したとしても、独占企業や寡占企業によって市場が支配されてしまっている場合はどうでしょう。それらの企業は価格決定力が強いため、上昇した調達コストを価格に転嫁できてしまいます。そうすると、価格転嫁後の値段でも消費者が受け入れてしまう、または受け入れざるを得なくなり、利上げをしたことで結果的に物価をさらに押し上げてしまう可能性もあるのです。

2

いまさら聞けない!? お金の基礎知識

　たとえば、日本ではiPhoneが大人気ですが、iPhoneの値段はApple社が決めますから、Apple社が値上げをしたときに、どうしてもiPhoneが欲しい人は値上げをのむしかありません。仮にiPhoneをApple社以外にも何社も作っているのであれば、他の会社が作っているiPhoneを買えばいいのですが、独占されてしまっている以上は他に選択肢がないのです。

理屈を踏まえて自分の頭で考えてみよう

　このように、理屈ではその通りだけど、実際の社会では違うのではないか、というようなモノの見方ができるようになってくると、従来の経済学の考え方に対して自分なりの仮説を立てることができるようになります。間違っていてもいいので、まずは自分の頭で考えて自説を持つ。その自説を他の人の意見などを聞きな

がら進化させていき、その自説が正しいのかどうかをその後に表れる事象によって確認していく。この繰り返しが経済を考える際の思考能力を高めてくれると思います。

まとめ

①日銀は金利の上げ下げで物価を安定させる
②金利操作が現実には効かない場合もある

07 「マクロ」とか「ミクロ」って何のことですか？

　これまでお金や物価、経済政策などについて学んできましたが、それらを学ぶ前に身につけておかなければならないことを伝え忘れていました。それは「マクロ」と「ミクロ」という2つの視点を持つ必要があるということです。マクロとミクロ、聞いたことはあるかもしれませんが、実際にそれらの言葉が何を意味するかは分かっていない人もいるかもしれません。

視点を変えると答えが真逆になる？

　ここでいうマクロの視点とは、日本全体や世界全体といった、非常に広い観点から物事を考えましょうということです。一方、ミクロの視点とは自分自身や友人、知人、または企業など個人、個社ベースの観点で物事を考えましょうということです。

　なぜ、マクロとミクロ、両方の視点を持つ必要があるのかというと、同じ物事について考えるとき、どちらの視点から考えるかによって、出てくる答えが真逆になることがよくあるからなのです。つまり、誰かとある物事について議論をした際に、片方はマクロの視点で考えていて、もう一方はミクロの視点で考えていたとします。お互いが真剣に考えて出した結論なのに、両者の議論

がかみ合わないまま平行線をたどることがあるのです。

　それでは、これまでの話を基に例を挙げてみましょう。たとえ
ば、賃金は上がらないのに、エネルギー価格や原材料価格が高騰
した結果、企業が価格転嫁をすることによって物価が上昇する
「悪いインフレ（コストプッシュ型インフレ）」が生じたとしま
しょう。家計は最初のうちは「値上げも仕方ないか」と受け入れ
るかもしれませんが、物価上昇が続けば、賃金が上がらない中で
は次第に節約をするようになります。そうなると、節約によって
商品が売れなくなるため、企業は値下げをしてなんとか商品を売
ろうとします。しかし、エネルギー価格や原材料価格が下がった
わけでもないのに値下げをすると、他のコストを削らなければ利
益率を維持できません。そこで、企業は人件費を下げて利益率を
維持しようとします。それは見方を変えれば家計が受け取る賃金
が下がることを意味します。賃金は消費の原資ですから、そこが
少なくなれば当然消費は落ち込みます。すると、再び企業は商品
が売れなくなり、売るための値下げを余儀なくされます。そして
企業はさらに人件費を削減し……ということで、悪循環が始まっ
てしまうわけです。これが既に学んだデフレスパイラルですね。

┃ ミクロ視点では問題ないのにマクロ視点では大問題？

　世界各国が避けようとしているデフレスパイラルに日本が陥っ
てしまった理由はなんでしょうか？　もう一度、家計と企業の行
動に問題がなかったか確認をしてみましょう。賃金が上がらない

中で物価が上昇するのだから、節約をしようとした家計の行動には問題がないように見えます。一方で、企業もコストが上昇したからその分を価格転嫁したというのも当然の行動です。その結果として商品が売れなくなってしまったから、値下げをして売ろうとしたという行動も理解できます。そして、コストが上昇する中で値下げをしたために、利益率を維持すべく人件費を削ったということも十分に理解できる行動です。

　家計も企業もともに問題のない行動を取っていたにもかかわらず、経済全体では絶対に避けたいデフレスパイラルに陥ってしまいました。このように、ミクロの視点では合理的な行動なのに、それが合成されたマクロの視点では悪い結果になる現象を「合成の誤謬（ごびゅう）」と言います。

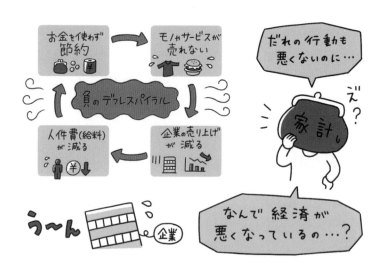

　この現象を理解するためにはミクロとマクロの視点を分ける必要があるのです。ミクロの視点、つまり先ほど確認したように、家計や企業の観点から自分たちの行動を振り返ってみると、各自が合理的な行動を選択していたことが分かります。ミクロの視点では正しいことをしていたのです。しかし、経済全体というマクロの視点から見てみると、デフレスパイラルという悪い事態になっていたということです。

　合成の誤謬は経済の世界だけで起こる現象ではなく、日常生活の中でも起こり得ます。たとえば、スタジアムに野球を観に行ったとしましょう。自分の前に座っている人の座高が高く、座席に座っていると前がよく見えません。そこで、試合をよく見るために立ち上がれば、たしかに試合はよく見えるようになるでしょう。しかし、そうなると今度は自分の後ろに座っている人も同様に立ち上がるはずです。そして、どんどん後ろの席の人が同様に立ち上がっていくと、最終的には座席があるにもかかわらず、全員が立って試合を観戦するというわけの分からない状態ができ上がります。

　これも観客1人というミクロの視点からすれば、立ち上がったほうが試合をよく見られるから立っただけですから、合理的な選択をしたにすぎません。しかし、球場にいるすべての観客というマクロの視点からすれば、座席があるのに立ち見をしているという好ましくない結果を生じさせてしまっているのです。

合成の誤謬を解決する方法

　それでは合成の誤謬を脱却するためにはどうすればいいのでしょうか。マクロ視点で好ましい行動を取ればいいのです。しかし、これは非常に難しいですよね。デフレスパイラルに陥ってはいけないからといって、賃金が上がらないのに値上がりし続けるものを我慢して買い続けるわけにはいかないですし、企業にしても売れないのに値上げを続けるわけにもいきません。

　解決策を見いだすために国内経済における主体について考えてみましょう。国内経済の主体にはこれまで見てきたように家計と企業の２つが存在することは疑いの余地がありません。では、国内経済には他の経済主体はいないのでしょうか？　もうお気づきですね？　そう、最後の経済主体として政府が存在するのです。

　家計と企業は収入がなくなれば存続できませんし、無限にお金を借りることもできません。限られた予算の中でやりくりをする必要がありますから、賃金が上がらなければ節約をし、商品が売れなくなればコストカットをしながら値下げをするなど、合理的な行動が求められます。

　しかし、政府はほとんどの場合、自らお金を作り出すことができますから、必ずしも予算という制約の下で合理的な選択をする必要はありません。ほとんどの場合、と書いた理由は後述します（p. 202参照）。

　よって、合成の誤謬から脱却するためには、一度デフレスパイラルに陥って縮小均衡状態になってしまった経済環境において、**政府が財政出動をすることでその悪循環を打破**してあげればよいということになるのです。

まとめ

① 「マクロ」は国単位の広い視野、「ミクロ」は個人や企業単位の狭い視野
② マクロで見るかミクロで見るかで結果が異なる（合成の誤謬）
③ 合成の誤謬を解決するには政府の財政出動が必要

第 3 章

知っておきたい
資産運用のこと

「老後資金2,000万円不足」問題で世間が揺れたのは記憶に新しいところ。しかし、そもそも本当に2,000万円も足りないのか、足りなかったらどうすればいいのか、といった疑問に対する答えをあなたは持っていますか？　森永先生に、解決方法と資産運用の注意点を聞いてみましょう。

01 老後2,000万円問題って解決できてないんですか？

　第1章、第2章ではお金とは何か、インフレやデフレとは何か、金融政策や財政政策とは何かといった、いわゆるお金と経済の基本の話を書いてきました。経済の話はあまり自分事として考えられなかったり、いまいち興味が持てなかったりする人も多いかと思います。実際に私が講演などを通じていろいろな方と話をしていて感じるのは、やはり資産運用のように、自分のお金を増やすといった身近な話のほうが真剣に経済のことを考えるきっかけになりやすいということです。

　日本人はあまり投資をしないといわれて久しいですが、それでもこの数年で状況は大きく変わってきています。たとえば、政府が「貯蓄から投資へ」を推進すべく設けた非課税制度である「つみたてNISA」（p. 123参照）の口座数は、日本証券業協会によれば、2018年第1四半期の時点で約28.6万口座だったのに対して、2022年第2四半期の時点では434.3万口座にまで増えています。しかも、その半数以上は20歳代、30歳代と若い世代によって占められています。このデータを見ると、本当に日本人は投資をしないのか、と思ってしまうようなデータですよね。長らく日本の金融業界に身を置いていた私からしても、このデータを見ると隔世の感があります。

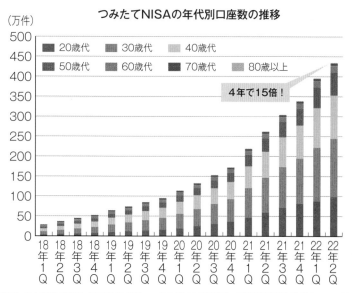

つみたてNISAの年代別口座数の推移

(出所) 日本証券業協会「NISA及びジュニアNISA口座開設・利用状況調査結果について」
のデータを基に株式会社マネネが作成。
(注) それぞれの基準日時点において、つみたてNISAの投資利用枠が設定されている口座
の数。Qは四半期

日本人が投資をするようになった理由

　それでは、なぜ日本人は急に投資をするようになったのでしょ
うか。もちろん、NISAやiDeCo(個人型確定拠出年金) など、政府
が非課税制度を設けたことも理由でしょうし、多様な金融機関が
出てきて競争が激しくなり、顧客である個人投資家が負担する手
数料が劇的に下がってハードルが下がったことも理由でしょう。
しかし、最も大きかったのは「老後2,000万円問題」の登場ではな
いでしょうか?

厚生労働省が発表した「令和3年簡易生命表」によると、日本人男性の平均寿命81.47年、女性の平均寿命は87.57年となっています。「人生100年時代」という言葉を耳にする機会が増えましたが、平均寿命が女性の場合は87.57歳ということを考えると、今後100歳を超えて生きる人も相当な数になることが想定され、あながち大げさな表現でもない気がしますね。それだけ**長く生きるとなると、たしかに気になるのは老後資産**です。それが2000万円も不足すると言われたら、心配になるのも当然です。何しろ多くの日本人は、定年退職したらそれ以降は年金だけで老後生活は安泰だと思い込んでいましたから。

　私のセミナーに参加した若い人からよく受ける質問の一つに「自分たちが高齢者になったときに年金はもらえるのですか？」というのがあります。いわゆる年金破綻論のように一切もらえなくなるということはなくても、支給額が減る可能性は頭に入れておくべきです。しかし、どうも最近の若い人の中には、既に年金も退職金ももらえない前提で将来設計をしている人が一定数いる印象を受けます。そのつもりで将来に備える心意気は買いますが、それゆえに現役世代のうちに貯金ばかりに必死になってさまざまな経験をする機会を捨ててしまわないか、という心配もしてしまいます。

老後2,000万円問題のインパクト

　さて、話を「老後2,000万円問題」に戻しましょう。2019年6月

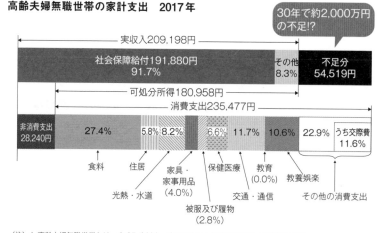

高齢夫婦無職世帯の家計支出　2017年

30年で約2,000万円
の不足!?

（注）1　高齢夫婦無職世帯とは，夫65歳以上，妻60歳以上の夫婦のみの無職世帯である。
　　　2　図中の「社会保障給付」及び「その他」の割合（％）は，実収入に占める割合である。
　　　3　図中の「食料」から「その他の消費支出」までの割合（％）は，消費支出に占める割合である。

金融審議会「高齢社会における資産形成・管理」2017年

に金融庁の金融審議会の市場ワーキング・グループが発表した
「高齢社会における資産形成・管理」という報告書の中で、夫65
歳、妻60歳から年金生活を送るとしたモデルケースが示されまし
た。そこで、30年後まで生きると想定すると、老後資金が約2,000
万円不足するという試算が示されたことで、国民的議論にまで発
展しました。これがいわゆる「老後2,000万円問題」です。

　その結果、これまでは馴染みのなかった**投資に老後資金不足の
解決策を求めた人が増えた**といわれています。実際、証券会社に
勤める知人たちに聞くと、この問題が報じられるようになってか
ら、新規の口座開設数が急増したと皆が口を揃えて言いました。

調査データは冷静に受け止めるべき

　ただ、この話は冷静に受け止めたほうがいいと考えます。2,000万円という不足金額はあくまで平均値から算出されたものであって、**老後に不足する金額はおのおのの収入・支出の状況やライフスタイル等によって大きく異なり**ますし、当然不足しない場合もあり得ます。また、この資産は2017年の家計調査のデータを基に計算されているのですが、**2020年の家計調査を基に同じ計算をしてみると、むしろ36万円のプラス**になるという結果になりました。そうなると、年金だけでも十分に老後資産を賄えるではないか、ということになります。2020年はコロナ禍の影響で給付金

高齢夫婦無職世帯の家計支出　2020年

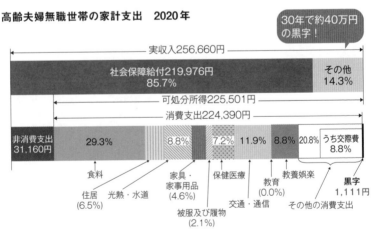

（注）1　図中の「社会保障給付」及び「その他」の割合（％）は、実収入に占める割合である。
　　　2　図中の「食料」から「その他の消費支出」までの割合（％）は、消費支出に占める割合である。
　　　3　図中の「消費支出」のうち、他の世帯への贈答品やサービスの支出は、「その他の消費支出」の「うち交際費」に含まれている。
　　　4　図中の「黒字」とは、「実収入」から「消費支出」及び「非消費支出」を差し引いた額である。

金融審議会「高齢社会における資産形成・管理」2020年

を得た世帯が多く、一方で旅費や食費など支出を減らした世帯が多かったという特殊要因はありますが、とにかく、**どの時点のデータを使うかによって、結論はいくらでも変わってきてしまう**のです。

　とはいえ、人生100年時代が訪れるのは間違いなく、その場合、いままでより多くのお金が必要となることには変わりがないでしょう。**長生するのに応じて「資産寿命」も延ばすことが必要**になってくると考えること自体は間違いではないでしょう。

3

知っておきたい資産運用のこと

まとめ

①データの取り方や個人差で結論が変わる
②2020年のデータでは「2000万円問題」はなかったことに
③とはいえ、人生100年時代に備える必要はある

02 少子高齢化、給料上がらず、将来の家計が不安です…

　私はFP（ファイナンシャルプランナー）の資格は持っていますが、仕事としてファイナンシャルプランニングはしていません。しかし職業柄、大人向けに金融教育のセミナーや講演をしたあとに参加者から立ち話で相談を受けることがあります。もちろん、ファイナンシャルプランニングを仕事にしていない以上、お金をもらって相談を受けることはありませんが、時間に余裕があれば無償で相談に乗るようにはしています。相談の内容は人によってさまざまで、これから先の株式市場や為替相場の見通しを聞かれることもあれば、いわゆる資産運用に関する相談もあります。

将来のお金に対する漠然とした不安

　ただ、この数年で非常に多いのが、具体的な相談というよりは、ぼんやりとした不安をぶつけられるケースです。

　日本の経済自体が成長しない中で、少子高齢化は進み、人口も減少している。ただでさえ将来の見通しが明るくないのに、自分自身も給料は上がらないし、将来十分な年金がもらえるかも分からない。そして、前項で触れましたが、国が、老後資金が2,000万円不足すると言い出す始末。さらには政府も増税や社会保険料の

引き上げなど、負担増の話しかしない。このように書いているだけでも不安になるぐらい、お金に関しては悪い話ばかりです。たしかに、これだけ悪材料ばかりあれば、お金の専門家でもない限り、不安になっても仕方ありません。

　しかし、相談を受ける側からすれば、ただ「なんとなく不安です」と言われても、具体的なアドバイスはできません。何件も似たような相談を受けている中で、私はあることに気づきました。**多くの人がお金に関して抱く不安は、子どもがお化けを怖がっているのに似ている**な、と。

お化けに対する不安と同じ

　私の子ども3人もそうですし、私自身も子どもの時はそうだったのですが、夜になるとお化けが出てきそうで怖い時期がありました。もちろん、お化けは見たことはありません。しかし、アニメや漫画の中でお化けという存在を知り、夜になると廊下や天井にいるのではないかとおびえていたのです。

　それとお金の不安にどのような共通点があるのか？と思ったかもしれませんが、非常によく似ています。それは、**本当に存在するかも分からない正体の知れないものにおびえている**からです。

　私のもとに「なんとなく不安です」とお金の相談をしてくる人のほとんどが、「具体的に何が不安なんですか？」と尋ねると答え

あぐねてしまいます。そこで、時間があるときは相談をしてきた人と一緒にある作業を行います。それは、「お金の見える化」です。

お金の見える化

いま仕事でいくらもらっているのかを額面で書いてもらいます。そこから、所得税や社会保険料でいくら差し引かれているかを書きます。すると、毎月生じる可処分所得の金額が分かります。そこから、毎月必ずかかる家賃や水道光熱費、通信費などを書いて、それらを引いてもらいます。そうすると、事実上の可処分所得の金額が分かります。そこから、飲み会などの変動費を差し引けば、自分が毎月どれぐらいの金額を翌月以降に持ち越せるかが分かるので、その金額を基に今度は単純計算をします。

家計の見える化例　試しに計算してみよう！

●年間の収入

●年間の支出

項目	内容	毎月の支出①	年間の支出②	年間の支出 ①×12＋②
生活費	食費、水道光熱費、通信費、日用品費など	10万円	5万円	125万円
住居費	住宅ローン、管理費、積立金、固定資産税など	13万円	30万円	186万円
教育費	学校教育費、塾・習い事の費用など	2万円	0万円	24万円
保険料	家族の保険料など	1万円	0万円	12万円
車両費	自動車ローン、駐車場代、ガソリン代、自動車税など	0万円	0万円	0万円
その他	レジャー費、冠婚葬祭費など	0万円	15万円	15万円
		年間の支出合計B		362万円

年間の貯蓄 A－B	12万円

　仮に現在が30歳だとして、65歳まで働くとすると、毎月たまる金額に12（カ月）と35（年）をかければ、いくらの貯金を持って老後生活に突入できるかを計算できます。

そんな計算はシミュレーションとしてあますぎる、と思うかもしれませんが、それでいいのです。**この程度のシミュレーションであっても、何もしないよりはマシ**です。完全に目をつむって運転するよりも、ぼんやりとでも前が見えている状態で運転できるほうが安全度も安心感も格段に上昇するはずです。

　もちろん、もっと正確にシミュレーションをしたほうが、安心感も増すことでしょう。たとえば、毎年の給料も同じということはないでしょうから、平均的な賃金上昇率を用いてもいいでしょうし、社会保険料や水道光熱費も一定ではないですから、正確に変化を反映させていってもいいかもしれません。

サクッとシミュレーション

　しかし、**将来のことを予想することは非常に難しい**のです。事故にあって収入を絶たれるかもしれませんし、親の介護で予期せぬ出費が生じるかもしれません。また、結婚するかどうか、子どもができるかどうか、家を買うかどうかなどでも必要となる毎月の金額には変化が生じます。はたまた、給料がいい会社へ転職できたり、投資がうまくいって一攫千金となったりするかもしれません。このように、何が起きるか分からない中で正確なシミュレーションをしようとしても限界があります。そこで、無理に正確にやろうとしてストレスを抱えるよりは、適当でもいいのでサクっとシミュレーションをするほうが大事なのです。

結果、資金が足りなかったら？

　仮にサクっとシミュレーションをした結果、やはり老後資金が2,000万円足りないという結果になったらどうしましょうか。私はその結果を出せたということがとても大事だと思います。老後資金が2,000万円足りなくなるという情報をメディアで目にして、なんとなく不安を感じていたときに比べると、同じ結論だったとしても、**自らの手で行ったシミュレーションの結果、老後資金が2,000万円足りなくなるということが分かったときのほうが不安感は小さい**はずです。

　実際にシミュレーションをしてみて老後資金が2,000万円足りないのだとすれば、**収入を増やす、節約をする、投資をするなど、問題解決に向けて取るべき手段はいくつもあり**ます。そして、それら複数の手段に対して、必要最低限の知識を身につけていけばいいのです。このように必要に駆られて知識をつけるのであれば、知識の定着率も格段に向上することでしょう。

　このように自分の収入、支出、資産、負債などの状況をリアルタイムで把握するには、ITを活用することをお勧めします。銀行や証券会社はオンライン専業にして、支払いも極力キャッシュレスにします。そして、それらの**データをすべて家計簿アプリ、資産管理アプリに自動的に反映する**ように設定することで、いちいち記録する手間も省けますし、入力ミスなども回避することが可能になります。

正体が分かれば恐れるに足らず

　話を元に戻しましょう。私のもとにぼんやりとした不安を抱えて相談に来た人たちと一緒に「お金の見える化」をしてみた結果、彼らにどのような変化が生じたでしょうか。意外と今のままでも十分老後生活を問題なく過ごせそうだという結論に至った人は明るい表情で帰路につきました。一方で、老後資金が足りないという結果になった人も落ち込むのではなく、それでは**今から何をすればいいのか、と前向きに考えを巡らす**ようになりました。

　やはり、人間は正体の分からないお化けには恐怖心を抱くのです。そして、大人になってお化けなどいないと知ることで、恐怖心が消えていくのです。逆に大人になればお化けよりも泥棒など実際の人間のほうが怖いと思うようになります。しかし、泥棒が怖いのであれば、防犯カメラを設置したり、交番の近くの家に住んだり、セキュリティーサービスを契約すればよく、やはり怖いと思う対象に関して詳しく知れば知るほど、的確な対策を講じて、そのリスクを低減させることが可能なのです。

まとめ

①漠然とした不安はお化けを怖がるのと同じ
②不安がってばかりいないで「お金の見える化」をする
③「見える化」の結果を受けて対応策を考える

03 投資はやってみたいのですが、リスクもありますよね？

「お金の見える化」をすることで、自分がどれだけの老後資産を用意しなければいけないのかを明確にしましょう。そして、不安があるのであれば、資産運用などの対策をしましょう、という話をしてきました。現状を理解し、やるべきことが明確になれば、意外と人間は不安を感じなくなるものです。それでは、「お金の見える化」をして現状を把握し、老後資産問題に対応すべく資産運用をすると決めた場合、何に気をつけなければならないのでしょうか。**まず重要なことは長期の観点で投資を考える**ということです。この「長期」ということについては次項で詳細に触れますが、ここでいう長期とは20年、30年を指します。決して半年や1年という長さではありません。

長期投資で大事なこと

投資をするということは、何もしていないときに比べれば、段違いに株式市場や為替相場の変動を体感することになります。自分が投資をしてから、どんどん利益が膨らんでいくような相場展開が30年続くのであれば問題ないのですが、残念ながらそんなことはありません。**株価も為替レートも常に上下に波を打ちながら推移**していきます。その結果、あまりにも市場や相場の変動を気

にしてしまうと、値動きに一喜一憂することになり、精神的に擦り減ってしまって、とてもじゃないですが30年などという長期で資産運用を続けることはできません。

　それではどうすればよいでしょうか。**投資の世界で重要といわれているのは「リスクを低減する」**ことです。どのようにしてリスクを低減するのか、という技術論に入る前に、そもそも「リスク」とはどういう意味なのか、という言葉の定義を明確にしておきましょう。

　普段の生活の中でも「リスク」という言葉はよく使うと思います。たとえば「自分はリスクを取りたくない」とか、「その選択肢はリスクが高いよ」などです。この場合、「リスク」という言葉は「危険」というニュアンスで使われていると思います。実際にいくつかの辞書で調べてみても、危険といったニュアンスで説明されています。

投資における「リスク」の意味は？

　しかし、投資の世界でリスクというと、少し意味が変わってきます。投資をする場合、最も気になるのはどれだけ儲かるのか。少しかっこいい言い方をすれば、どれだけリターン（利益）が出るのか、ということです。このリターンがどれぐらい出るのかというブレのことを、投資の世界ではリスクと言います。
　つまり、投資の世界でリスクが高いといった場合は、**損をする**

確率が高いということではなく、**大きく儲かるかもしれないけど、損をする場合は損失が大きくなる**ということであり、**リスクが低いといった場合は、少ししか儲からないかもしれない代わりに、損をしても損失が小さくて済む**、ということになります。

さて、投資の世界におけるリスクの意味は分かったかと思います。このような形でリスクという言葉を捉えると、これまでの日常生活でリスクという言葉を無意識のうちに使っていたときとは違う風景が見えてきますよね。

これまではリスクが高いということは危険性が高いということでしたから、リスクが高い金融商品には投資をしたくないという判断になると思います。しかし、次ページの図を見ると**リスクが高くても期待されるリターンが高い株式に投資をしたい、という判断**をする人は相当数出てくると思います。

リスクとリターンの関係

このように投資の世界におけるリスクの意味が分かると、これまでの人生の中でなんとなく理解していたことも明確になります。投資の世界におけるリスクは日本語では標準偏差と呼ぶのですが、伝統的資産のリスク（標準偏差）と期待リターン（合理的に期待できる収益率・成果）を平面上にプロットしたものが次ページの図になります。

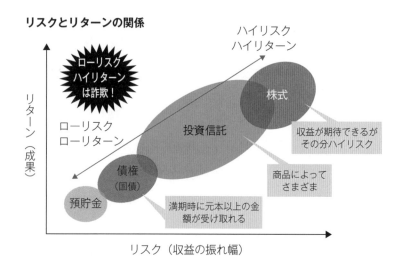

リスクとリターンの関係

リターン（成果）

ローリスク
ハイリターン
は詐欺！

ハイリスク
ハイリターン

ローリスク
ローリターン

株式

投資信託

収益が期待できるが
その分ハイリスク

債権
（国債）

商品によって
さまざま

預貯金

満期時に元本以上の金
額が受け取れる

リスク（収益の振れ幅）

　これをみると、**リスクが低いほど期待されるリターンも小さくなり、リスクが大きくなると期待リターンも大きくなる**という関係が一目で分かります。これはいわゆる「ハイリスクハイリターン、ローリスクローリターン」という、日常生活の中でもなんとなく使っていた概念を、データを用いて表現したものになります。似たような言葉で「虎穴に入らずんば虎子を得ず」という言葉もありますね。このようなことを言うと突き放されたような感覚になるかもしれませんが、つまり、リスクを取れない人はリターンも得られないということです。

詐欺の営業トークの特徴とは？

　以上で述べた、投資の世界では当然とされることを理解すると、詐欺に引っかかることもなくなると思います。私は自身が運

営するYouTube番組「森永康
平のリアル経済学」の中で、実
際にいろいろな詐欺師と対面し
てきました。ほとんどの詐欺師がこの **「ハイリスクハイリターン、
ローリスクローリターン」という投資の原則を無視した営業トー
ク** をしてきます。「元本保証で年利20％が期待できる」といった
類いの発言です。この世にノーリスクハイリターンなどというお
いしい話はあるわけがありませんし、仮にあったとしても他人に
共有するなんてことはないのです。

　さて、少し話が脇道にそれてしまい、リスクの説明に偏重して
しまったので本題に戻りましょう。30年以上の長期間で日々変動
する株式市場や為替相場と精神的に疲弊することなくつき合い続
けるためには、リスクを低減する必要があります。それでは、ど
のようにしてリスクを低減すればいいのでしょうか。それは **投資
対象を「分散」すればいい** のです。

長期投資のリスクを下げる方法

　分かりやすく極端な例を挙げてみましょう。たとえば、Aとい
う会社の株式に全額投資した場合を考えます。投資した後、仮に
A社で粉飾決算が発覚したり、取り返しのつかない事故を起こし
てしまったりした結果、A社が上場廃止になってしまったとしま
しょう。その瞬間、投資したお金をすべて失うことになります。
つまり、自分の投資資金はA社と一蓮托生になっていたというこ

とです。

　しかし、仮にA社を含む100社に分散して投資をしていた場合はどうでしょうか。仮に投資してから1年後、A社は上場廃止になって無価値になってしまっても、残りの99社の株価は一切変化がなかったとすれば、投資資金は1％だけ減るだけです。99％は元のままということになります。つまり、投資対象を分散することで、投資資金全体のリスクを低減できるのです。

「分散」のさまざまなかたち

　この分散という言葉はさまざまな捉え方ができます。上記のように、一社の株式に投資するのではなく、複数社の株式に投資をするという分散もありますし、株式と債券、不動産、金など資産の種類を分散することも重要です。特に似たような動きをする資産ではなく、逆の動きをするような資産に分散投資すると、より効果的です。たとえば、株式と債券は逆の動きをすると言われることも多いですから、株式と債券に分散投資をするのは効果的と言えるでしょう。

　また、国や地域の分散や為替の分散も重要です。日本の株式だけでなく、米国の株式や欧州の株式に投資すれば、日本で天変地異があったり、米国でテロがあったりと、地政学的なリスクが生じたときにもリスクを低減できます。また、結果的に為替も分散される、つまり、過度に円安が進んだ場合もその裏側ではドル高

が進んでいるので、投資資産全体では為替変動の影響をそれほど
受けない状態を作り出すことも可能になります。

　さらに時間の分散という考え方もあるのですが、こちらは次項
で詳しく説明したいと思います。

3

知っておきたい資産運用のこと

まとめ

①投資は「長期」で考えるのが基本
②「ローリスク・ハイリターン」は詐欺
③投資のリスクを下げるには「分散」が大事

04 賢い投資の仕方を 教えてください！

　いざ資産運用を始めようとしても、いつ始めればいいのか悩む人は多いと思います。これまでにも書いてきたように、株価というものは上下に波を打ちながら変動しますから、自分が投資をした翌日から株価が下がり続けたり、投資をやめた翌日から株価がうなぎのぼりになったりということも十分あり得ます。私自身も同様の体験は何度もしており、誰かが自分のトレードを監視していて、必ず損するように株価を操作しているのではないか、と疑心暗鬼になってしまうほど痛い目を何度も見てきました。

資産運用はいつ始めればいいのか？

　身銭を切って投資をする以上、絶対に損はしたくないし、少しでも儲けたいと考えるのは誰もが同じかと思います。それ故に、資産運用を始めようとする多くの方が私に「いつから始めればいいのか」と質問をしてきます。しかし、いつ株価が一番安くなるかなどは、私も含めて誰にも予測などできません。もしかすると、いま始めるのがベストなタイミングかもしれませんし、逆に最悪なタイミングなのかもしれません。どうあがいても確実に予測できない底値や天井のタイミングを待って何もしないぐらいなら、**「思い立ったが吉日」**ということで、いますぐ開始するのがいいの

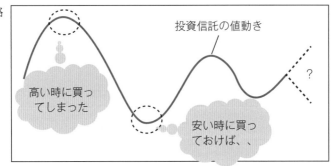

投資のタイミング

注：金融庁のつみたてNISA早わかりガイドブックを参考に制作

ではないか、と私は回答しています。

　それでも、自分が投資したタイミングが一番高い時だったら損
した気分になるし、実際にタイミングによって投資のパフォーマ
ンスも変わってしまうので、タイミングを気にするなと言われて
も、なかなか決断できないかと思います。そこでお勧めなのが、
前項で紹介した「分散」の応用技です。タイミングを計って一括
で投資をしてしまうと、本当に投資したタイミングがパフォーマ
ンスに直結してしまいます。そこで、**毎月定額を一定のタイミン
グで機械的に投資していく**のです。

「積立投資」のススメ

　具体的な例を挙げてみましょう。たとえば、1年間で120万円
を投資しようと考えている場合、タイミングを見て一括で120万
円をある投資信託に投資するのではなくて、投資予定金額を12

（カ月）で割って、毎月の投資金額を決めます。この場合だと毎月
10万円ということです。

　そして、タイミングを決めます。たとえば、毎月25日や、第1
営業日などです。そのうえで、毎月10万円を決めた日に同じ投資
信託に機械的に投資するのです。もちろん、結果としてすごく高
いタイミングで買ってしまうこともあるかと思いますし、逆に絶
好のタイミングで買えることもあるでしょう。このような投資手
法を「積立投資」といいます。

　この「積立投資」では毎月定額というところがポイントです。
毎月定額で投資することによって、投資対象の価格が高い時は少
ない量を投資することになり、価格が低い時は多い量を投資する
ことになります。その結果、投資単価を平均したときに一括投資
よりもタイミングのリスクを低減することが可能になるのです。

　あらかじめ決めた投資対象に、決まった金額を定期的に投資す
る「積立投資」は、ネット証券の積立投資サービスを活用すれば、
一度設定するだけであとは何もせずとも自動的に積立投資をして
くれます。投資に時間を割く必要がないため、普段は仕事や家族
との時間に1日の多くを費やしている人にとっては最適な投資法
と言えるでしょう。

　投資にリソースを割かなくてよくなるということは、株式市場
や為替相場の変動のせいで精神的な疲労をためずに済むというメ

定額積立投資のイメージ

	1カ月目	2カ月目	3カ月目	4カ月目	
投資信託1万口の価格推移	1万円	5千円	2万円	1万円	
最初に一括で4万円分を購入した場合	4万円	0円	0円	0円	購入総額4万円 購入口数 計4万口 平均購入単価（1万口あたり）1万円
	4万口	0口	0口	0口	
毎月1万円ずつ購入した場合＜積立投資＞	1万円	1万円	1万円	1万円	購入総額4万円 購入口数 計4.5万口 平均購入単価（1万口あたり）9千円
	1万口	2万口	5千口	1万口	

注：金融庁のつみたてNISA早わかりガイドブックを参考に作成

リットもあります。精神的に疲れなければ、長く続けることも可能になります。ここで改めて長期でやることの重要性を確認しましょう。

「複利」を活用する

　投資をする際に「金利の扱い」という観点から、「単利」で運用するのか、「複利」で運用するのかを決める必要があります。「単利」とは、利益が出たらそれは引き出し、最初の投資元本だけを投資に使う手法です。簡単に言えば100万円を運用して1年後に102万円になったら、利益である2万円を引き出して翌年はまた最初の100万円を運用するということです。一方で、**「複利」とは、投資から発生した利益を引き出さずに投資元本に組み入れ、引き**

続き同じ投資信託で運用し続けるという手法です。

　一時期、「毎月分配型」という投資信託が絶大な人気を誇ったことがあるのですが、これは名前の通り、毎月分配金が振り込まれるタイプの投資信託で、主に高齢者が年金の足しになれば、ということで好んで投資していました。しかし、このように分配金を都度受け取っていると、複利での運用はできません。**分配金を受け取らず、再投資に回すことによって、複利で運用する**ことが可能になります。

「複利」の威力

　それでは、なぜ複利で運用したほうがいいのでしょうか。これは、投資という観点ではなくて、借金という観点から考えたほうが分かりやすいかもしれません。よくマンガやドラマなどで、闇金という違法な金貸しをテーマにした作品があります。正規の金融機関ではお金を借りられないけど、いますぐにお金が必要な人たちが、違法な貸金業者に頼ってしまい、法外な高金利で借りて、後々返済地獄にあって、最終的には人生が破綻するという描写が多いですよね。

　闇金の場合、「トイチ」と呼ばれる10日で1割の利息がつく違法な高金利でお金を貸すことがあります。これがどれほど恐ろしいものか分かりますか？　たとえば、10万円を借りたとします。法定金利の上限である年利18％で借りた場合、10日後は10万493

円。360日後は11万7,753円になっています。つまり、1年間借りると利息として2万円弱を払う必要が出てきます。

　一方で、トイチで借りると、10日後は11万円。360日後は309万1,180円となります。**10万円借りただけなのに、1年後には借りた金額の30倍以上の金額を返済**しなくてはいけません。これが複利の怖さです。10日で10％返済額が増え、次の10日でそれ（元本＋利息）がさらに10％増え、またその次の10日で……と雪だるま式に膨れ上がっていくのです。逆に、複利で運用すれば、**この負のスパイラルを正のスパイラルに変えて恩恵を享受する**ことが可能なのです。

▍「72の法則」で複利効果が分かる

　どれぐらいの利回りで運用すると、いつ資産が倍になるかを計算する方法に「72の法則」というものがあります。たとえば、元本100万円を年利0.01％で運用した場合、倍の200万円にするのに約7200年（＝72÷0.01）の投資期間がかかります。4％なら18年（＝72÷4）です。このように、72を運用利回りで割るという手法を用いれば、「見える化」した自分の資産状況、収支状況から逆算して、どれぐらいの利回りが自分には必要なのかを考えることも可能になります。

　なお、積立金額と想定利回り（年率）、積立期間のシミュレーションは、以下のサイトでできます。

金融庁「資産積立シミュレーション」

https://www.fsa.go.jp/policy/nisa2/moneyplan_sim/

　たとえば、老後資金に2,000万円足りない場合を考えて、複利の力を利用したら、どれくらいの金額・利回り・期間で積み立てればいいのかを考えて計算してみると、以下のような結果が出ました。やってみれば分かりますが、積立期間が長いほど複利効果が大きくなります。

毎月の積立金額	想定利回り（年率）	積立期間
３万円	４％	30年

↓ という条件を入力すると？

積立金額（元本）	10,800,000円
運用後の金額	20,821,482円

長期運用の攻めと守りの効果

　ちなみに、長期で資産運用することは、複利を活かしてリターンを伸ばすという攻めの意味だけではなく、**損失を抑えるという守りの意味でも重要**になってきます。資産・地域を分散して積立投資を行った場合の実績を検証したところ、保有期間が５年間だと、投資を始めたタイミング次第ではリターンがマイナスになることもありますが、**保有期間が20年間になると、リターンがマイナスになることはありません**でした。つまり、運用期間が長くな

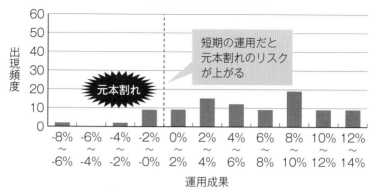

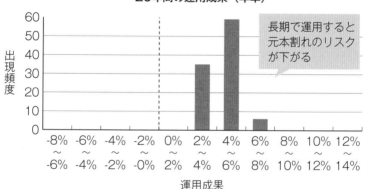

注：金融庁のつみたてNISA早わかりガイドブックを参考に作成

ればなるほどリターンがマイナスになるリスクが減るのです。

長期分散投資の強い味方

　株式投資で分散投資をするためには、それなりにまとまった金
額が必要になります。日本では原則として100株からしか株式を

買えないからです。たとえば、株価が1,000円の企業の株式を買おうとすると、1,000円×100株で最低でも10万円が必要になります。10社に10万円ずつ分散投資しようとすると100万円が必要です。

　その点、投資信託は1,000円で何百、何千という株式に分散投資が可能です。その中に、日経平均やNYダウのような株価指数に連動することを目的として運用されるインデックスファンド（インデックス投信）があります。**インデックスファンドは、保有期間中にかかる手数料（信託報酬）が非常に低く設定されており、しかも多くの証券会社では買付手数料もかからない**ため、個人投資家が長期にわたって資産運用をする際に、非常に力強いパートナーになってくれます。

まとめ

①投資開始は「思い立ったが吉日」
②つみたて投資で複利を活用する
③長期投資は攻めでも守りでも有利

05 「NISA」や「iDeCo」は
やるべきですか？

　これまで書いてきたことをしっかりと理解すると、資産運用を始めるのであれば、いますぐ「積立投資」をやるのが正解だと思った方も多いのではないでしょうか？　国も「貯蓄から投資へ」というテーマを掲げ、投資を後押しすべくさまざまな優遇制度を作ってきました。せっかく資産運用をするのであれば、こうした制度を使わない手はありません。優遇制度の代表格として挙げられるのは「NISA（少額投資非課税制度）」です。

「一般NISA」とは？

　NISAには「一般NISA」と「つみたてNISA」の2種類があります。一般NISAでは、株式や投資信託に投資をして得た分配金・配当金や売却したときに得られる譲渡益などの収入が、最長で5年間、非課税になります。NISAを利用する場合は証券口座とは別に「NISA口座」を開設する必要があります。NISA口座では、毎年120万円（2015年以前は100万円）分の金融商品が購入できます。非課税で保有できる投資総額は、最大で600万円までとなります。非課税期間の5年間が終了したときには、保有している金融商品を翌年の非課税投資枠に移すことができるほか、NISA口座以外の課税口座（一般口座や特定口座）に移せます。

「つみたてNISA」とは？

　つみたてNISAの場合は1年間の投資上限額が40万円と低額になっています。一般NISAと同様に投資で得られた譲渡益（売却益）や分配金が非課税の対象となります。つみたてNISAの特徴は前述の通り、非課税枠の上限が年間40万円と一般NISAよりも低額ではあるものの、非課税期間は最長20年間になっていることです。今のところ投資可能期間は2042年までです。ですから、2018年から利用開始した人は年間40万円という上限枠いっぱいまで積み立てたとすると、2037年まで20年間積み立てられるので、40万円×20年＝800万円の投資元本を積み上げることができます。また、つみたてNISAで購入できる金融商品は金融庁による一定の基準をクリアした投資信託やETF（上場投資信託）だけに限られます。

「一般」と「つみたて」どっちがいい？

　つみたてNISAは、非課税対象の投資上限額も低く、投資できる商品も限られているため、一般NISAのほうがより魅力的に感じる方もいるかもしれません。しかし、本当に初めて投資をする方からすると、ある程度の制限がかかってくれていたほうがやりやすいということもあるかと思います。一般NISAであれば日本株も外国株も投資信託も選択できますが、日本株だけでも3,800社以上も存在しており、この中から投資対象を選ぶのはとても大変です。しかも、年間120万円ということは毎月10万円を積み立

てられるので、初心者にとっては大きい金額となるでしょう。

　そのように考えれば、**つみたてNISAは、金融庁が「長期」「積み立て」「分散投資」に適していると判断した投資信託の中から選べばいいので未経験者には易しい仕組み**と言えるでしょう。具体的には、「販売手数料が無料」「投資信託の運用が行われる期間が20年以上」「分配金を支払う頻度が毎月ではない」「信託報酬などのコストが低水準」などといった選定基準がありますので、何を選んでも悪質な金融商品を選んでしまうということは避けられます。もちろん、基準を満たしているからといって、それらが必ず値上がりすると保証されているわけではありません。

　つみたてNISAには非課税であること以外にも、未経験者にお勧めする理由があります。まず1,000円など少額から始められること。そして、一括投資は認められておらず、投資方法はこれまで利点を述べてきた「積立投資」しか選べないものの、積み立てる頻度は幅広く、毎日、毎週、毎月など、自分のライフスタイルに

つみたてNISA		一般NISA	
初心者向け・ほったらかし 長期運用向け		比較的短期で積極的に 運用したい人向け	
非課税期間	最長20年間	非課税期間	最長5年間
非課税投資枠	40万円／年	非課税投資枠	120万円／年
投資方法	自動で積立	投資方法	自分で購入・売却
投資できる商品	金融庁が厳選した投資信託	投資できる商品	国内外株式・投資信託など

合わせて選べることです。

新NISAの登場

　実は、2024年1月から「新NISA」が始まります。本書の執筆時点では概要が発表されただけですが、その中から新NISAにおいて注目すべきポイントを簡単にまとめると、以下の5つが挙げられるでしょう。

①「制度の恒久化」。これまでは「一般NISA」が2023年まで、「つみたてNISA」が2042年までと非課税期間が限定されていましたが、今回はその制約が撤廃されているため利用しやすくなっています。

②「非課税保有期間の無期限化」。従来の一般NISAでは5年間という期限が定められていたため現金化やロールオーバー（非課税期間が終わる商品を引き続き非課税で持ち続けること）の手続きが必要でしたが、新NISAではその必要がなくなります。

③「生涯非課税限度額の設定」。新NISAでは1人あたり1,800万円まで非課税限度額が設定されており、これまでは併用不可だった一般NISAとつみたてNISAが合体するかたちになっています。

④「年間投資上限額の引き上げ」。イメージとしては年間投資上限額がつみたてNISAで3倍、一般NISAは2倍に引き上げられます。しかも併用が可能と考えれば、ここは本当に大きな改善点と言えるでしょう。

⑤「利益を確定した際に再び投資枠が利用可能」。いったん一部ま

たは全部を売却しても、1,800万円までは再投資できます。

いまのうちにNISAに慣れて、新NISAをうまく活用できるようにしたいところです。

「iDeCo」とは？

次に紹介する制度はiDeCoです。正式名称は「個人型確定拠出年金」と言います。若い人ほど、自分たちは年金がもらえないのではないか、という不安があると聞きますが、その**年金（国民年金、企業年金、厚生年金など）に上乗せする年金を自分自身で作りましょう。そして、自分で頑張る人には国が優遇します**よ、という趣旨で作られたのがiDeCoです。

制度の内容を簡単に説明すると、**非課税制度と税額控除を受けながら、毎月拠出する掛金を自分自身で運用しながら積み立てて、原則60歳以降に運用資金を受け取る**というものです。

それでは、もう少し細かく見ていきましょう。まず、毎月拠出する「掛金」ですが、月額5000円から1000円単位で選ぶことができます。掛金は年1回変更が可能で、60歳まで積み立てます。2018年1月からは、年単位などで掛金を支払うことが可能となりました。つまり、ボーナス時にまとめて拠出するなど自分のライフプランに合わせた拠出ができるようになったわけです。ただ、職業によって掛金の限度額が決まっていますので、iDeCoのウェ

ブサイトで自分の職業の限度額を調べましょう。自営業者、会社員、公務員、専業主婦などで変わってきます。

　拠出した掛金を運用する際には、**元本確保のものか、そうではないものかを選ぶ**ことができます。元本確保のものには定期預金、積立年金保険、傷害保険などが含まれます。せっかく拠出して運用するのに元本確保のものを選んだら、大して増えないじゃないかと思う方も多いと思います。しかし、これまでにも書いてきた通り、人それぞれ資産や収支には違いがありますから、その人にとって最適な選択なのであれば否定すべきことではないでしょう。一方で元本を確保しないものには投資信託があります。投資信託は元本が確保されない代わりに期待できるリターンは大きくなります。また、選べる商品の種類も増えます。

▍NISAとの違い──税制優遇

　それでは、運用したお金はどのようにして受け取るのでしょうか。**原則として60歳までは引き出せません**。ここはいつでも引き出せるNISAとは大きく違う点で注意が必要です。60歳以降に給付請求を行うことで、積み立てた金額を「老齢給付金」として受け取ることができます。ただ、60歳時点で加入者期間が10年に満たない場合は、支給開始年齢が引き伸ばされます。受取方法は、「老齢年金方式」、つまり分割で5年以上20年以下の期間で受け取るか、「老齢一時金」として一括で受け取るかを選択できるほか、年金と一時金を組み合わせて受け取ることも可能です。また、転

職などで勤務先が変わっても、積み立てたものはそのまま移転できます。

　NISAと違って引き出しに制限がかかるiDeCoが、**NISAよりも優れているのは大きな税制優遇**が用意されているところです。まず、運用益が非課税になります。これはNISAと同じですね。運用益には通常、源泉分離課税が20.315％課せられますが、これが非課税になるということです。

　しかも、ここから先がiDeCoの特に優れているところです。**掛金全額が所得控除**になります。たとえば毎月の掛金を分かりやすく1万円とします。所得税が20％とすると年に2万4000円が軽減されます。加入が40歳で、20年間運用したとすれば48万円も軽減されるのです。

　また、受取時にも控除があります。一時金で受給する場合、「退職所得控除」が適用されます。これは、一時金受取額から退職所得控除額｛40万円×20年＋70万円×（拠出年数−20年）｝を差し引いた金額の2分の1の金額にだけ課税されるというものです。年金で受け取る場合には、「公的年金等控除」が適用されます。これは、公的年金の収入額から控除されるものです。公的年金の収入額と65歳を境にして計算方法が違いますので、国税庁のホームページなどでご確認ください。

　税制優遇という観点からはNISA以上にiDeCoは投資家にとっ

3

知っておきたい資産運用のこと

て有利に見えますが、しっかりとデメリットも理解しておきましょう。何度も触れた通り、原則として60歳になるまでは引き出せません。それ以外にも、運用する金融機関に口座管理手数料を支払わなければなりません。また**年収103万円以下の専業主婦の場合、もともと所得税非課税の範囲なので、iDeCoの所得控除がメリットにはなりません。**

つみたてNISAとiDeCoの比較

	つみたてNISA	iDeCo
最低投資金額	100円	5,000円
掛金 全額所得控除	×	○
運用益 非課税	○	○
受取時　控除	×	○ 退職所得控除、 公的年金等控除
資金の引き出し	いつでも 引き出し可能	原則、60歳まで 引き出せない

iDeCoは税制
優遇効果が
大きいのも特徴。

まとめ

①NISAには「一般」と「つみたて」の2種類がある
②「つみたてNISA」は初心者にお薦め
③iDeCoの税制優遇が優れている

第 **4** 章

金融詐欺に
騙されないために

金融詐欺の被害にあうのは高齢者？　いえいえ、近年、若者の被害が急増しています。詐欺対策の第一歩は相手を知るところから。詐欺の手口や特徴、要注意の金融商品の仕組みを知って、大切なお金や人間関係を失わずに済むよう備えましょう。

01 金融機関はどうやって 儲けているんですか?

　お金についていろいろな角度から学んできましたが、ある程度
お金の知識がついて、将来のことを考えてお金を借りたり、貯め
たり、資産運用をしたりするとき、避けて通れないのが金融機関
との関係です。

　金融機関と聞くと、日本人は悪い印象を持っている人もいる気
がしますが、その印象はどこから来るのでしょうか?　おそら
く、金融機関に「騙された」とか「損をさせられた」という話を耳
にしたことがあるのでしょう。「耳にしたことがある」というのが
ポイントです。要は実体験ではなく、両親や祖父母からまた聞き
をしたという人が多いのではないでしょうか?

　金融機関と言いましたが、ひとくくりにするにはあまりにも業
務内容が違う企業体が含まれています。分かりやすいところでい
えば、「銀行」「証券会社」「保険会社」が金融機関の代表的な企業
体として挙げられるでしょう。ではなぜ金融機関が悪い印象を持
たれてしまうのか。それを理解するために、いま挙げた3つの金
融機関がどのようにして稼いでいるのか、というビジネスモデル
を見ていきたいと思います。

銀行の儲け方

　まず銀行です。昨今は銀行もさまざまなビジネスをしているので、一概に銀行のビジネスモデルはこれだ、と断言はできないのですが、最も有名なのは**お金を貸して、利息で儲ける**というビジネスモデルでしょう。個人には住宅などのローン、企業には融資というかたちでお金を貸して、その後に元本に利息を乗せて返済してもらう。この利息部分が儲けとなるのです。

　当然、誰彼かまわず貸していたら、返してもらえずに損をしてしまいますから、その人、または企業が返済してくれるだけの信用があるかをしっかりと審査して、返してくれそうだなという人や企業にだけお金を貸すのです。

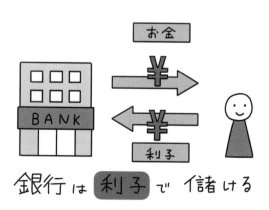

証券会社の儲け方

　次に証券会社です。証券会社もさまざまなビジネスモデルを持っていますが、証券会社の場合、販売する金融商品ごとに手数料の取り方も変わってきます。たとえば、株式の場合は顧客が**取引をするごとに売買手数料**がかかります。最近では手数料を無料にする証券会社も現れましたが、基本的には多くの方が証券会社のビジネスモデルとして、この手数料ビジネスをイメージするでしょう。

　投資信託の場合は、同じく買う際に**買付手数料**がかかりますが、こちらも最近は手数料がかからないノーロードと呼ばれるものが主流になりつつあります。しかし、投資信託の場合は**保有期間中に信託報酬**という別の**手数料**もかかります。そして、投資信託の中には**解約時に財産留保額が差し引かれる**ものもあります。

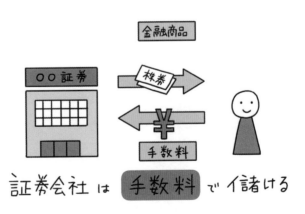

FXは手数料がかからない？

　ほとんどの証券会社はFX（外国為替証拠金取引）を取り扱っています。よくFXには取引手数料がないという宣伝文句を見かけますが、それは手数料として徴収されていないというだけで、実際には**スプレッドが手数料**みたいなものになっています。FXをやったことがない方のために簡単にスプレッドの説明をすると、たとえばドル円の取引をしようとした際に、買う側のレートは130円25銭で、売る側のレートは130円75銭という感じで、売買のレート間に少しギャップがあります。これをスプレッドといいます。海外旅行で現地通貨に両替するときに、両替所の壁に電光掲示板があって、通貨ごとにこのような表示がされているのを見たことがありませんか？

　このスプレッドが事実上の手数料なのですが、その他の手数料のように、売買代金とは別に徴収されるというよりは、**FXの場合は投資をした瞬間にスプレッド分が差し引かれて損が出ている状態から投資がスタートする**のです。

　証券会社は株、投資信託、FXなどの金融商品以外にもビジネスモデルがたくさんあり、たとえばベンチャー企業がIPO（上場）するときにお手伝いをして手数料をもらったり、顧客に資産コンサルティングをして、預かっている資産の1％などを毎年もらったりもします。また、証券会社自身が株や債券のトレーディングをして儲けていたりもします。

保険会社の儲け方

　最後に保険会社ですが、**保険会社は加入者が支払う保険料が大きな収入**となります。この保険料をうまく運用し、保険料率の計算を正確に行うことで、**仮に加入者に保険金を支払うことになっても、全体では利益が出る**ようにしているのです。

　金融機関がどのようにして儲けているかというビジネスモデルを企業体ごとに見てきましたが、どのような印象を持ちましたか？　意外と普通というか、まったく悪いことをして儲けているようには感じなかったと思います。それでは、なぜ金融機関は悪い印象を持たれることもあるのでしょうか。

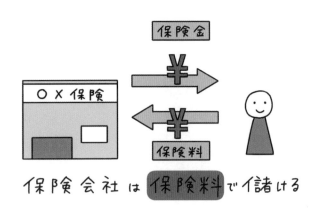

なぜ金融機関は悪い印象を持たれるのか？

　一番分かりやすい例は証券会社かもしれません。先ほども見た通り、証券会社は顧客が取引をするたびに手数料が入るわけですから、一度投資したら30年は保有し続けるといった長期投資をされてしまってはたまりません。そこで、証券会社としては、**何度も取引を繰り返すように仕向ける**のです。

　たとえば、営業員がレポートを片手に訪問してきて、「このAという会社はこれから成長しますよ」と営業したとします。そこで、Aの株を買ったところ、数カ月してまた営業員がレポートを片手に訪問してきて、「先日ご紹介したAという会社は相変わらず素晴らしいのですが、このBという会社のほうが成長しそうです」との提案を受けて、Aを売ってBを買いました。このように何かしら理由をつけて売買を繰り返させれば、その分証券会社は儲かるのです。ちなみに、株価の先読みなど誰にもできませんから、実際に営業員の提案通りに取引をしたからといって、顧客が確実に儲かるわけではありません。しかし、取引をすれば証券会社は確実に儲かります。

　このような取引を繰り返させる「**回転売買**」の被害にあった人が両親、祖父母世代に多いため、「金融機関は悪い奴らだ」という話を聞き、なんとなく悪い印象を抱くようになるのでしょう。

　ちなみに、最近はネット証券が一般的になっていますので、営

業員が自宅を訪問してくることもありませんし、前述のようにそもそも売買手数料自体がゼロ、または限りなく安くなっているため、証券会社からしても回転売買をさせづらくなっています。これは株に限らず、投資信託も同じで、前述の通りノーロードが主流となった以上、証券会社は投資信託も回転売買させるのではなく、どれだけ多くの投資家に投資信託を保有し続けてもらうかのほうに舵を切っています。

まとめ

①銀行は「利息」で設ける
②証券会社は「手数料」で設ける
③保険会社は「保険料」で設ける

02 金融詐欺の手口を教えてください！

金融機関が悪い印象を持たれているのは、まだネット証券がなく、営業員が売り込みに来る対面証券が主流だった時代の影響だろうと述べました。いまでも金融機関に悪い印象を持っている方もいるかと思いますが、いまは規制が非常に厳しいですし、ネット社会ですから、少しでも悪いことをすれば即座に情報が拡散されてしまいますので、金融機関の悪行に触れる機会はなかなかないでしょう。稀に今でも悪いことをする人もいるようですが、そこは**本書を読んで金融リテラシーを身につければ大丈夫**です。

日本でも2022年から金融教育の流れが強まりました。その理由は主に2つあって、1つ目は成年年齢が20歳から18歳に引き下げられたこと。それによって、これまで未成年として保護されていた18歳、19歳の方が悪質な契約を結んでしまったときに、未成年を理由にその契約を解消できなくなるため、**被害を防ぐために金融リテラシーを身につけて自衛しましょう**ということでした。2つ目は高校の家庭科の授業の中で、2022年4月から金融商品の紹介を含む金融教育の内容を扱うことが決まったからです。

4

金融詐欺に騙されないために

軽視されがちなお金の「守り方」

　日本でも金融教育を普及させようと思い、金融教育ベンチャーのマネネを2018年に立ち上げた私からすればうれしい流れなのですが、1つ懸念していることがあります。それは**日本では「金融教育≒投資教育」となっている**ことです。もちろん、私が考える金融教育の中にも投資の話は含まれます。しかし私は、金融教育はもっと幅広いものであるべきだと思うのです。「お金とは何か？」というところから始まり、使い方、貯め方、増やし方、守り方など、さまざまなことを教えなければいけません。中でも、**日本の金融教育では軽視されていますが、私が重要だと考えるのはお金の「守り方」**です。

　お金は命の次に大事だという人がいるように、お金は現代社会を生きるうえでは非常に重要です。ですから、みんな一生懸命働いてお金を稼ぎますし、多少のリスクを取ってでも運用して増やそうとするわけです。しかし、中には少しでもラクをして稼ごうとする人たちもいます。それが新しいアイデアや発明によって、そのような仕組みを作るのであれば素晴らしいのですが、**詐欺という形でラクして稼ごうとする輩もいる**のです。

　私は現在、2つのYouTubeチャンネルを運営しています。1つ目は「森永康平のビズアップチャンネル」で、こちらでは私が政治や経済について話をしたり、政治家や教授などの有識者と対談したりする真面目なものになります。そして2つ目は「森永康平

「森永康平のリアル経済学」の番組で、森永さんに「あり得ない」条件で投資を進めてくる詐欺師との会話場面

のリアル経済学」というチャンネルで、こちらでは経済学における通説を実社会で検証するというテーマで番組を収録していますが、その中で実際に詐欺師と会う動画も撮っています。

大学生を狙うUSBメモリー詐欺

　ここでは1つだけ詐欺の手法を紹介したいと思います。本書を読んでいる方で、大学生ぐらいの年齢の方、または子どもや孫が大学生ぐらいの年齢という方はしっかりとその手口を理解してください。いま大学でこの詐欺が非常にはやっており、私も何名か被害にあってしまった学生と話をしました。

　その詐欺とは「USBメモリー詐欺」です。USBメモリーとはノートパソコンやタブレットに差し込んで、ワードやエクセルな

どのファイルをコピーして持ち運べるツールのことを指します。私もよくUSBメモリーは使っていて、講演の資料が大容量でメールで送れなかったりする場合は、USBメモリーに資料のデータをコピーして、講演会場のパソコンにデータを移します。大学生もレポートの提出や授業の資料を運ぶのにUSBメモリーを使うことがあるそうです。

持ち掛けてくるのは知人・友人

　この詐欺はだいたい**知り合いから持ち掛けられ**ます。ゼミの同期だったり、サークルの先輩だったり、バイト先の同僚など、自分を騙したりしないであろう近い関係の人が多いようです。大学に入ると人間関係が広がりますから、詐欺話を持ち掛けてくる人の幅も広がるのです。

よくある展開としては、知人・友人から「投資で成功した人」を紹介したいとカフェに呼び出されるそうです。カフェに行くと自分1人に対して先方は2人いて、まず数的優位を作られてしまいます。そこで、最近だと高級なタワーマンションでの生活や、海外旅行などの写真をたくさん載せたインスタグラムなどを見せられながら、いかに自分が若くして成功しているかを延々と説明されるようです。

さすがにプロの詐欺師ですから、聞いている側が「自慢話ばかりでウザいなぁ」と思ってしまうようなトークはしません。むしろ「自分と年齢が変わらないのに、こんなに違う世界で生きている人がいるのか」と感心してしまうようです。

絶対にあり得ないのに気づかない

ある程度、自分も成功したいという気持ちが出てきた辺りで、本題に突入します。USBメモリーを取り出して、これを使えば投資で必ず勝てると言われるようです。多くの学生は投資については詳しくないですから、**USBメモリーをパソコンに刺して、先物取引をするだけで確実に儲かるなんていうことは絶対にあり得ない**と気づかないことが多いようです。

驚くのはUSBメモリーの値段で、**だいたい50万円前後を提示される**ことが多いようです。当然、学生がそれだけの金額を一括で支払うことなどできません。そこで、USBメモリーの購入意思

4

金融詐欺に騙されないために

を示すと、丁寧に学生ローンまでついてきてくれて、ローンの組み方を手取り足取り教えてくれるそうです。そして50万円の借金とともにUSBメモリーを手に入れた学生は、家でワクワクしながら取引を開始するのですが、**1週間もしないうちに騙されたことに気づく**のです。

自分も犯罪者に追い込まれる仕掛け

　騙されて借金が残るだけならまだいいのかもしれませんが、この詐欺にはもう一つ恐ろしい仕掛けが用意されています。それは、いわゆる「ねずみ講」のモデルです。このUSBメモリーを1つ売るたびに、5万円のキャッシュバックが発生します。ということは、10人に売りさばけば、ひとまず自分が払ってしまった50万円は回収できることになるのです。しかし、プロの詐欺師でもない学生が他人に売りつけるのは大変です。そこで、自分に近い親友や同級生に詐欺を働くことになるのです。

　騙されて借金を抱えるだけなら、自分で働いて返せばおしまいですが、**自分が詐欺をする側に回ってしまうと、お金では買えな**

い親友も失ってしまうのです。加えて、詐欺罪で逮捕される可能性だってあります。これまで築いてきた信頼を失い、さらには「詐欺師」や「犯罪者」という肩書を手に入れることになってしまいます。個人的には借金以上にこれらの損失のほうが恐ろしいと感じます。**金融リテラシーを身につけるのは、このような詐欺から身を守るため**でもあるのです。

4

金融詐欺に騙されないために

①金融教育で最も重要なのは「お金の守り方」
②詐欺は知り合いから持ちかけられる
③友達を失わないため、犯罪者にならないために金融リテラシーを身につける

03 「バブル」経済って何が問題なんですか？

　金融リテラシーを身につけることで、詐欺師からお金を守り、将来に向けて資産運用をして増やすことの重要性を学んできました。本書をここまで読み進めてみて、自分が何をすればいいか、なんとなく分かってきたという方が一人でも増えればいいなと思っています。しかし、お金と上手につき合うために、まだいくつか注意すべきことをお伝えします。本項では「バブル」経済を取り上げます。

┃ バブルとは？

　バブルと言われても、「泡？」と思う方もいるかもしれませんね。投資や経済の世界でバブルというと、主に**株価や不動産価格が実態とはかけ離れたレベルで上昇していくこと**を指します。私と同じ30代の方はなんか聞いたことあるなぁ、くらいだと思います。私は日本がバブル期を迎えたときには既に生まれていたのですが、物心がついた頃にはバブルは弾けていましたので、社会人になってから上司や先輩から当時の様子を聞きました。仕事のあと毎日飲みに行って、帰りにタクシーを拾おうとしても近距離だと乗車拒否されるので、万札を片手にタクシーを止めていたとか、山手線内の土地価格の合計金額が米国全土の土地価格の合計

を超えていたとか、とにかく羽振りがよく、それこそバブリーな話でした。物心がついたときには既にいわゆる「失われた30年」を過ごしていた私からすると、信じられない気持ちとうらやましい気持ちが交互に浮かんできたものです。

　実は、私もバブルを疑似体験したことがあります。2010年に中国の上海へ出張したときのこと。当時は2010年が上海万博、2008年に北京五輪が開催され、中国ではあらゆる投資が活発に行われていました。その開発スピードは異様なほどで、出張に行くたびに新しい地下鉄の駅ができていたり、巨大なタワーが新たにそびえ立っていたりするのです。私が会食を終えてホテルに帰ろうとタクシーを拾い、運転手にホテル名を告げると近すぎるという理由で乗車拒否されてしまいました。不思議と怒りを覚えるよりも、「これがバブルか」と感動した記憶があります。日本に帰国すると駅前のロータリーには大量のタクシーが客待ちしているのを

見て、両国の経済成長の差というか熱気の差のようなものを強く感じた覚えがあります。

バブルはいいこと？

このように書くと、バブルがとてもいいことのように思えてしまいますね。バブルの最中はいいのです。問題はバブルが弾けてしまった後で、今度は一転して地獄が待ち受けています。このことは、1980年代にバブルを経験した私たち日本人はよく理解しているはずです。

ここでバブルについて、もう少し学んでおきましょう。世界で初めてバブル現象が確認されたのは1637年頃のオランダにおけるチューリップバブルだとされています。当時のデータが残っていないため、このバブルがいかにすごかったのかを定量的には表現できません。しかし、球根1つが熟練職人の10年分の年収ほどの価格に高騰したとか、球根1つと5ヘクタールの土地を交換したとかの記録が確認されているので、当時の球根価格の上昇が異常だったことは容易に想像できます。では、なぜこんなことが起きてしまうのでしょうか？

バブルが起きる仕組み

バブルが生じる理由として「自己実現的予言」や、「自分も損をしたくない」という人間心理、運用会社のビジネスモデルなど、

さまざまな要因を挙げることができます。

　1つ例を挙げてみましょう。たとえば、インフルエンサーが自分のSNSで「この企業の株価が大化けするかもしれない」と発言したとします。その発言の根拠はさておき、インフルエンサーの発言に乗っかって多くの個人投資家がその企業の株を買うと、当然ながらその企業の株価は上昇します。少し遅れてインフルエンサーの発言に気づいた個人投資家が、実際に株価が上昇しているのを見て、自分も損をしたくないと思い、このブームに乗っかります。この間に、最初に乗っかった一部の個人投資家が利益を確定し、SNSなどで「インフルエンサーの発言に乗ったら儲かった」と発信します。そうすると、それを見てまた別の個人投資家が乗っかるのです。

バブルの厄介さ

　この一連の株価上昇に対して、プロである機関投資家Ａさんは冷静に分析し、「根拠がない株価上昇だから自分は乗っからない」というまともな投資判断を下したとします。一方でＡさんのライバルである機関投資家Ｂさんはａさんと同じ認識は持ちつつも、流れには乗ったほうが良いと判断して投資をしたとします。

　このバブルは意外と長続きし、１年間株価が上昇し続け、気づけば当初の株価から２倍に上昇したとします。このとき、Ａさんのファンドを買っていた客は「なんでブームに乗らなかった？」と激怒してＡさんのファンドを解約し、高パフォーマンスを記録したＢさんのファンドに乗り換えてしまうでしょう。このように、バブルだと気づいているプロでも、そのバブルに目をつむって乗っからないと仕事に支障が出てしまう可能性すらあるのです。

　ある程度、投資や経済の知識が身につき、経験も積んでいけば、「これはバブルだな」という判断はつくようになります。しかし、難しいのはそのバブルがいつ終わるのかという正確なタイミングは分からないことなのです。『バブルの物語』（ダイヤモンド社）や『暴落1929』（日経BP）などの著者として知られるカナダ出身の経済学者ジョン・K・ガルブレイスも、「バブルがいつ弾けるかを予測するのは不可能だが、いつかは必ず弾けることは分かっている」という言葉を残しています。

バブルの危険性

バブル発生時にうまく乗っかり、弾ける直前で売って利益を確定できれば、非常に効率よく資産を増やせますが、どうしてもギャンブル要素が含まれます。常にアンテナを張って情報収集し、これから注目されそうな企業に先回りして投資をし、実際に予想通りの展開になって株価が上昇していくのであれば、それはバブルに乗ったのではありません。まともな投資に成功したということです。しかし、やたらと価格が上がっていて、それで**大儲けした人もたくさんいるらしいという情報だけを頼りに乗っかるのは、まさにバブルに乗っかっているだけで、非常に危険**であると言えるでしょう。

コロナ禍が始まった2020年の後半頃からビットコインの価格が急騰し、これからは仮想通貨の時代だと言って、資産の大部分を仮想通貨に変えてしまった人を何人か見かけました。また、2022年の前半から円安が急速に進行するのを見て、もう円はダメだと言って、同じく円資産の多くをドル預金にしてしまった人も何人も見かけました。しかし、2023年になると、それらの人々は大きな損失を抱えることになっているのです。

「恋は盲目」と似ているのかもしれませんが、**熱狂しているときはリスクを忘れてしまいがち**です。どんなものにもリスクはつきもので、リスクを取っているからこそ、それ相応のリターンを得られるという基本を常に頭に入れておきましょう。

日経平均株価の推移（1985年1月～1992年12月）

まとめ

① 「バブル」とは株価や不動産価格が実態とは
　かけ離れて上昇すること
②バブルは引き際のタイミングが大事
③リスクを忘れず冷静に判断する

04 投資を始めるときに気をつけるべきことは何ですか？

バブルについて、そしてバブルがいかにタチが悪いかを学びました。バブル自体が悪いというよりは、バブルが弾けたあとが悲惨なので、バブルは警戒すべきなのです。しかし、短期間で資産を大きく増やそうとするならば、バブルに乗るのも一つの手段ではあります。

▎投資の方法は2つだけ

投資には2つの方法があり、1つは「順張り」、もう1つは「逆張り」です。**順張りとは上昇傾向にある株に投資をして、その上昇に乗ること**を言います。バブルに乗ることも順張りに含まれるかもしれません。最も理想的な投資は、自分が誰よりも早く成長する企業を発見し、その企業の株を買い、そのあとに世間がその企業の魅力に気づいて、上昇トレンドが形成されることです。自分が考えた投資シナリオに、多くの投資家が順張りしてくるということです。

一方、**逆張りというのは、大きく売り込まれている企業の株に投資をするスタイル**です。たとえば、ある企業の決算発表の内容が悪かったり不祥事が判明したりすると、その企業の株価は大き

153

く下落します。しかし、株式市場というのは時として行き過ぎてしまうものです。悪い業績や不祥事に失望して保有していた株を手放す人もいれば、その企業の株価が下がることが分かり切っているので、空売り（株を借りてきて売り、安いところで買い戻す方法）をする人も現れるので、売りが売りを呼ぶ展開となります。その結果、株価が必要以上に下落してしまうのです。すると、行き過ぎた株価の下落に気づいた人が、まだ下がるかもしれないなかでリスクを取って投資します。これが逆張りです。ちなみに、私は逆張りが得意です。

　私の周りで投資によって財を成した投資家の多くは順張りで成功しています。逆張りはうまく当たれば大きく儲けられますが、多数の人の逆をいくわけですからリスクは大きくなります。順張りは大勢の中にポジションを持つわけですから、降りるタイミン

グさえ間違えなければリスクは少ないと言えるでしょう。

投資家に求められる資質

そもそも投資家には**世間の流行や時代の先行きをかぎ分ける嗅覚が求められる**のです。仮に上昇トレンドに乗れたとしても、それが正しい上昇トレンドなのか、単なるバブルなのかは見極めなければいけません。正常な上昇トレンドなら長期で保有していてもいいですが、単なるバブルなのであれば、弾ける前に逃げないといけません。それでは、どのようにすればバブルが弾ける前に逃げられるのでしょうか？　参考になる1つの逸話を紹介しましょう。

靴磨き少年が株式投資のススメ？

米国の第35代大統領のジョン・F・ケネディはご存じでしょうか？　あまりよくない記憶かもしれませんが、テキサス州ダラスで遊説のために市内をパレードしていたときに暗殺されてしまったシーンを思い出す方も多いかもしれません。彼の父親であるジョセフ・P・ケネディはウォール街（米国の金融街）で働いていて、投資によって財を成した人物です。その彼がウォール街で靴磨きの少年に靴を磨いてもらっていたときのことでした。その少年がある企業の株式へ投資することを勧めてきたというのです。

職業に貴賎（きせん）はないのですが、それでも靴磨きという金融業とは

一切関係がない仕事をしている相手で、しかも子どもともなれば、いきなり株の推奨をされても違和感を覚えるだけなのが普通でしょう。つまり、本来なら株式投資とは関係なさそうな人までが株式投資の話をしだしたという異様な光景を見て、ジョセフ・P・ケネディは現在の株式市場がバブルであり、しかもそれがもうじき弾けることを予見したのです。そこで、保有していた株をすべて売却するのですが、その後、実際に米国の株式市場が暴落したのです。1929年、つまり世界恐慌ですね。

仮想通貨暴落の予感

このエピソードのように、バブルが弾ける前に「靴磨きの少年」の存在に気づけるかがポイントと言えそうです。実際に私自身も靴磨きの少年を見つけることの重要性は感じています。たとえ

ば、コロナ禍でも上昇を続けていた仮想通貨に対して、私は非常に強い警戒心を持っていました。実際に投資はしていません。なぜかというと、**普段はまったく投資の話なんてしない友人が、いきなり仮想通貨に投資をしたと言い出した**からです。その頃はTwitterなどSNSを見ていても、これまで一度も投資の話などしていなかったような人たちが、こぞって仮想通貨に投資をしたと投稿していました。これは靴磨きの少年だと感じたので、私は仮想通貨がどんどん値上がりしている状況をただ眺めていました。すると、やはりしばらくすると大きく値を崩し、ついには高値から３分の１程度まで下落してしまったのです。

金融機関が薦める投信はなぜうまくいかないのか？

　本章の冒頭で、金融機関に悪い印象を持っている人が少なくないという話を書きましたが、その理由の一つに金融機関が自信満々で営業してきた投資信託を買ったところ、大きく値下がりして損をさせられた体験をした人が多いということも挙げられるかと思います。なぜ、そのようなことが起きるのか、不思議じゃないですか？　いくら手数料を稼ぎたいからといっても、顧客に損をさせたら二度と取引をしてもらえなくなるかもしれません。また、実際に顧客が利益を出せば、その後も取引してもらえるわけですから、金融機関からしても顧客に損をさせることにメリットなどあるはずはありません。では、なぜそのようなことが起きてしまうのでしょうか。ここにも靴磨きの少年の逸話と似たエッセンスが含まれているのです。

テーマ型投資信託のワナ

投資信託にはテーマ型投信というものがあります。これは何かというと、あるテーマに即した投資を行う投資信託を指します。たとえば、「米国ITファンド」のような投資信託があるとすると、この投資信託は米国のIT企業の株だけに投資をするといったような具合です。他にも「アジア中小型株ファンド」というものであれば、アジア各国の中小型株式のみに投資をするということです。

どのようにしてテーマ型投信が世に出るのか、例を挙げて説明します。運用会社の中で働く投資のプロたちが、これから伸びてくると思われるテーマを会議で決めていきます。その会議の結果、まだ全然注目は集めていないけれど、これからインドネシアの株が来るという結論に至り、新たな目玉商品として「インドネシア株ファンド」を組成しようという案が出たとしましょう。ちなみに、これら最初の案はだいたい、エコノミストやアナリストなどの調査チームと、実際に運用や取引をしているファンドマネジャーやトレーダーなど市場に近いところにいる人たちが議論して発案します。

その後、営業部やマーケティング部など、顧客に近い部署の人たちのアイデアも聞くようにします。すると、だいたいそれらの部署からはその新しいファンドは嫌がられます。なぜかというと、まだ誰も注目していないということは、営業しても売れない

し、いくら販促をしても効果が出ないからなのです。顧客に近い部署からは対抗案として、いままさにホットな分野に投資するテーマ型投信が挙げられます。たとえば、コロナ禍であれば高騰していた仮想通貨などに投資する投資信託です。

　つまり、**投資のプロがこれから伸びるぞという先読みをしたとしても、それは一般的には売れない**のです。一方で、投資のプロから見れば、このテーマは既に誰もが注目していて、今から参入してもバブル崩壊直前に参入することになるからハイリスク・ローリターンだと思うような、今更感溢れるものほど、世の中的には売れてしまうのです。その結果、**金融機関が新しく売り出したテーマ型投信を買ってしまうと、買ってから半年もしないうちにバブルが弾けて大きな損を出してしまう**のです。

金融機関にも落ち度があるといえばあるのですが、相場の現況を理解せずに靴磨きの少年になってしまっている人が多過ぎる投資家サイドにも、多少の非がある気もしてしまうのです。

まとめ

① 投資の型には「順張り」と「逆張り」がある
②「靴磨き少年」が現れたら売り時
③ テーマ型投信に気をつける

FXや信用取引には手を出すなと親に言われましたが？

　資産を短期間で大きく増やす一つの策としてバブルに乗るということも考えられると書きました。サラッと書いていますが、実際のところはそんなに簡単な話ではありませんし、そもそも常に投資可能な資産でバブルが起きているわけでもありません。

　それでは、合法的に短期間で大きく資産を増やす方法は他にないのでしょうか。1つあるとすれば、それはレバレッジを活用することでしょう。レバレッジとは何か。それは「てこの原理」をイメージしてもらえば分かりやすいかと思います。学校で「支点、力点、作用点」という言葉を習ったことがあると思いますが、小さな力で大きなものを動かすときに「てこ」を使いますよね。そ

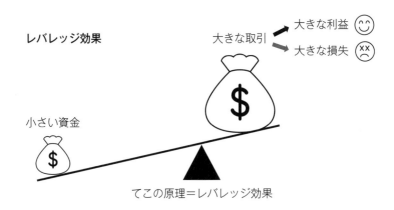

レバレッジ効果

小さい資金

大きな取引　→　大きな利益

→　大きな損失

てこの原理＝レバレッジ効果

れと同じで、発達した金融サービスを活用することで、私たち個人投資家であっても、実際に投資している金額以上の取引をすることが可能になるのです。

レバレッジ取引のデメリットに注意！

　投資対象が株式の場合は信用取引という手法を使うことで、預けた担保の評価額の約3.3倍までレバレッジをかけることが可能です。信用取引の場合、証券会社に現金や株式を担保として預けることで、証券会社からお金を借りて株式を買ったり、株券を借りてきてそれを売ったりする取引が可能となります。

　投資対象が為替の場合は、FX（外国為替証拠金取引）のサービスを活用すれば、担保となる保証金（信用取引でいう証拠金）の最大25倍までの取引が可能になります。

　このように聞くと、信用取引やFXを活用しない手はないように感じるでしょう。しかし、メリットがあればデメリットもあることは、本書をここまで読み進めた方なら容易に理解できるでしょう。小額で大きな取引ができるというメリットの裏側には、損失が少しでも膨らむと即座に投資元本が消えてしまい、最悪の場合は借金が発生する可能性もあるということです。

　最近は信用取引やFXのメリットであるレバレッジ取引を投資信託やETF（上場投資信託）に適用した商品も出てきました。信

用取引やFXに比べるとハードルが低くなるので、個人投資家の間では非常に人気が出ています。しかも、信用取引やFXが売りから入れるという特徴があるのをレバレッジ型の投資信託やETFも踏襲しており、対象となる株価指数が下がると、基準価額や株価が上昇するという投資信託やETFすらも存在するのです。とはいえ、こちらは投資信託やETFですから、最悪の場合でも借金が発生するということはありません。しかし、商品の性質上、保有期間が長くなればなるほど価格の変動以外の部分で価値が目減りするため、長期保有には向きません。

　これらのレバレッジを活用した金融商品をすべて否定する気はありません。しっかりとリスクも理解したうえで、短期間で資産を増やすべく取引をするのであればいいでしょう。そもそも人さまのお金の使い方に他人が口を出すのは野暮というものです。しかし、本書における「投資」の立ち位置はあくまで将来のための「資産運用」ですので、その観点からすると、これらのレバレッジを活用した金融商品はお薦めしません。

資産運用は長期が大前提

　まず資産運用をすべく投資をする場合、これまでにも書いてきた通り、**基本的には30年、40年という長期での運用が大前提**となります。それだけの長期間、資産運用を続けるためには、投資をすることで精神的に疲弊するような状態ではいけません。信用取引やFXの場合、自分でどれぐらいのレバレッジをかけるかを

決めることができます。しかし、レバレッジをかけるということは、自分が予想した株価や為替の方向と逆に相場が動いてしまうと、自動的にロスカット（損失が大きくならないよう精算）されてしまいます。ということは、常に相場の動きを確認してポジションを調整しないと、自分が投資したお金が一瞬にして消え去ってしまうわけですから、基本的にはずっと相場を見ていなければいけません。ほとんどの人には仕事や趣味の時間、家族との時間など、投資以外に使うべき時間が圧倒的に多いでしょうから、ずっと相場を見ていることなど現実的ではありません。それに、よほどのモノ好きでない限り、そのような生活をしていたら精神的に疲弊してしまい、30年、40年も続けることはできません。

　次に長期投資にレバレッジ型の投資信託やETFが適さないということについても説明しましょう。レバレッジ型の投資信託やETFは一般的に株価指数に連動するように運用されます。株価指数とは日経平均やS&P500など特定の銘柄群の株価の動きを指します。たとえば、日経平均が１％上昇した場合、ダブルブルなどと呼ばれるタイプの商品では、投資信託の基準価額やETFの価格は倍の２％上昇します。

　日経平均でもS&P500でもいいのですが、株価指数の推移を長期チャートで見てみてください。上昇傾向にある期間もあれば、下落傾向にある期間もありますが、基本的には上下に波を打ちながら推移していきます。一方向に株価が動く局面ではレバレッジ

型の投資信託やETFは短期間で効率よく資産を増やせますが、上下に動かれると非常に不利です。下図は株価指数が1カ月ごとに5％下がって、5％上がるのを12カ月繰り返した場合、株価指数自体とダブルブルの基準価額の推移はどうなるかをグラフにしたものです。

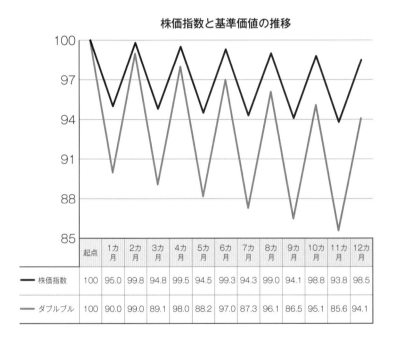

株価指数と基準価値の推移

	起点	1カ月	2カ月	3カ月	4カ月	5カ月	6カ月	7カ月	8カ月	9カ月	10カ月	11カ月	12カ月
株価指数	100	95.0	99.8	94.8	99.5	94.5	99.3	94.3	99.0	94.1	98.8	93.8	98.5
ダブルブル	100	90.0	99.0	89.1	98.0	88.2	97.0	87.3	96.1	86.5	95.1	85.6	94.1

株価指数は12カ月後に起点から1.5％下落となっているのに対して、ダブルブルだと5.9％も下落してしまっています。やはり、レバレッジ型の投資信託やETFは上下に株価が動く局面には弱いのです。

　さらにレバレッジ型の投資信託やETFは商品設計上、保有して

いる間にかかるコスト（信託報酬や管理費）が通常のインデックス投信（日経平均やS&P500のような指数を基に運用される投資信託）に比べると高くなっており、そもそも長期投資には向いていないということもあります。

　このように、信用取引やFX、レバレッジ型の投資信託やETFは長期投資には向いていないため、そういう金融商品もあるのだという知識をつけておく程度でよいでしょう。

まとめ

①信用取引やFXはデメリットに要注意
②レバレッジ商品は資産運用（長期投資）には
　向かない

06 注意が必要な金融商品を教えてください！

　ドイツ帝国初代宰相のビスマルクは「愚者は経験に学び、賢者は歴史に学ぶ」と語ったといいます。お金に関しても同様のことが言えると思いますが、今回は**過去に個人投資家から絶大な人気を誇ったものの、トラブルも頻発した金融商品**を２種類紹介しましょう。歴史に関する格言に米国の作家マーク・トウェインが語った「歴史は繰り返さないが、韻をよく踏む」というものもあります。近い将来、この２種類の金融商品がまた人気を集める可能性がありますので、その際に不要なトラブルに巻き込まれないためにもその仕組を紹介しておきましょう。

「仕組債」の仕組み

　まず１つ目は**「仕組債」**です。読んで字のごとく、特別な「仕組み」を持つ「債券」のことを指します。一般的な債券は国や企業が発行したもので、満期まで保有すれば元本と多少の利子収入が入るものですが、仕組み債はスワップやオプションなどのデリバティブ（金融派生商品）が組み込まれた特殊な債券です。スワップとは金利（固定金利と変動金利）や通貨（円と外貨）を交換する取引を指し、オプションとはあらかじめ約束した価格で将来のある時点で売買する権利を指します。

仕組債はデリバティブを活用することによって、債券の発行体やそれを買う投資家のニーズに合った償還期間、利子、償還金などをさまざまな形態で設定することができるようになっています。仕組債には主に2種類、「EB債」と「株価指数連動（リンク）債」があります。

仕組債のトラブル

なぜ仕組債が個人投資家に人気があったのかといえば、債券なのに利回りが高いからです。しかし、仕組み債はさまざまなトラブルを引き起こしました。そもそも商品設計が複雑なため、内容をしっかりと理解できる個人投資家が少なかったこと。元本割れするリスクが高いだけではなく、仕組み債の場合は購入価格の中に手数料が内包されているため、購入手数料が明示されていないこと、などが挙げられます。また、流動性が乏しく、投資家が現金化しようとしても思うようには中途売却ができず、売却できたとしてもかなり安い価格でしか売却できないため、結果として損失を被るリスクが高いのです。

金融庁が強い懸念

金融庁は仕組債については強い懸念を表明していて、特に2022年は仕組債に対する発信を何度もしていました。5月末に公表した「資産運用業高度化プログレスレポート2022」ではサンプルと

して調査した約900本のEB債の中には「わずか3カ月で元本の8割を毀損した例もあった」と紹介しました。また、「（早期償還されるケースを考えると）実質的なコストは年率換算で8〜10%程度に達する」とする推計を示しています。6月末に公表した「投資信託等の販売会社による顧客本位の業務運営のモニタリング結果について（令和3年事務年度）」では、仕組債について「中長期的な資産形成を目指す一般的な顧客ニーズに即した商品として、ふさわしいものとは考えにくい」と指摘しています。8月末に公表した「2022年事務年度　金融行政方針」でも、「顧客本位の業務運営」に関する記述の中で、仕組債を大きく取り上げていました。「特に、仕組債は複雑な商品性を有しているため、顧客によっては理解が困難な上、実際にはリスクやコストに見合う利益が得られない場合がある点を踏まえる必要がある」と分析していました。

「毎月分配型投信」の分配金に注意

　次に紹介するのは**「毎月分配型投信」**です。こちらも名前の通り、毎月分配金が支払われる投資信託となります。この種類の投資信託は高齢者を中心に非常に強い人気を集めました。なぜかというと、**年金の足しにできると考える高齢者が多かった**からです。たしかに、毎月分配金が支払われるとなると、とても魅力的な感じがします。しかし、その分配金がどのように支払われているのかは理解しなければなりません。

投資信託の分配金には次の2種類があります。1つ目は「普通分配金」です。個別元本を上回る部分からの分配金となります。普通分配金は投資信託の元本の運用により生じた収益から支払われ、利益として課税対象となります。2つ目は「元本払戻金」です。「特別分配金」とも言います。これは個別元本を下回る部分からの分配金です。元本払戻金（特別分配金）は、**「投資した元本の一部払戻し」に当たる**ため、非課税となります。また、元本払戻金（特別分配金）の額だけ個別元本は減少します。分かりやすくするために図示しましょう。

毎月分配投信の仕組み

運用で利益が出た場合
普通分配金（課税）が払われる

運用で利益が出なかった場合
特別分配金（非課税）は
元本から払われる

　一般的には運用がうまくいった場合のみ、その利益分から分配金を出すのですが、**毎月分配型の場合は運用がうまくいかなければ、資産を取り崩して分配金を出し**ます。これは自分の足を食べているタコに似ているということで、**「タコ足配当（タコハイ）」**

などと呼ぶこともあります。これは**まったく意味がないどころか、百害あって一利なし**なのは分かりますか？　たとえば、毎月１万円の分配金が出る投資信託を100万円分購入したとしましょう。仮に投資信託の運用で一切資産額に変動がなかった場合、1年間で合計12万円の分配金を得られますから、利回りは年率12%に見えますが、一方では投資した金額は信託報酬を無視すれば88万円になっているので、まったく意味がありません。実際には信託報酬を徴収されつつ、しかも買い付けるときには買付手数料を取られ、さらには運用が失敗した場合には元本が減るリスクもあるわけです。

更なるデメリット

　毎月分配型の投資信託は見た目の利回りを高くするため、新興国通貨建てのものや、ハイイールド債（格付けが低い代わりに利回りが高い債券）に投資するものも多いため、**元本割れのリスクはそれなりに高い**のです。

　また、仮に運用がうまくいって、その利益から分配金が出たとしても、それを分配金として受け取ってしまえば、**その場合の分配金には税金が掛かりますし、再投資をしないので複利効果が効かない**というデメリットもあります。

　仕組債も毎月分配型投信も主に高齢者の富裕層が購入することが多い商品です。いずれにしても、購入の際は**商品の仕組みや内**

容をきちんと理解すべきであって、表面上の高利回りに惑わされ
てはいけません。

07  金融詐欺に引っかからないコツを教えてください！

違法ではないもののトラブルが非常に多い仕組債や毎月分配型投信。大きな損失を被る投資家が続出する信用取引やFX。実態の価値から乖離して資産価格が高騰するバブル。そして、既に紹介したUSBメモリー詐欺という本当の詐欺。あなたのお金を奪ってしまう可能性があるさまざまなことについて学んできました。仕組債や毎月分配型投信、信用取引やFXは使い方によっては資産を増やすこともありますし、バブルもうまく乗ることができれば短期間で資産を大きく増やす機会にもなり得ます。ですから、リスクをしっかりと把握したうえで活用することは決して悪いことではありません。しかし、詐欺に関しては被害にあわないように気をつけることしかできません。

詐欺師の手口を公開

私は前述の通り、現在２つのYouTubeチャンネルを運営していますが、そのうちの１つである「森永康平のリアル経済学」では、実際に詐欺師と対面してみて、彼らの手口を公開しています。本書が世に出る頃には多くの詐欺師の手口を公開できていると思いますが、執筆時点では投資信託の営業、未公開株の営業、不動産投資の営業の３種類についての動画を公開しています。詳しく

はYouTubeを見ていただければと思いますが、せっかくですので実例を基に詐欺師の手口を共有します。「彼を知り己を知れば百戦殆からず」という言葉がありますが、前述の通り、「お金の見える化」をして自身の資産・収入状況を理解したうえで、詐欺師の手口も把握すれば、詐欺被害にあうリスクを限りなくゼロに近づけることが可能でしょう。

あらゆる詐欺の共通点

まず、どの営業も、扱っている**商品は違えど、共通するのは非常においしい話**を持ってくるということです。私が会った投資信託の販売員の場合は、「元本保証」と「年間30％の利回りは堅い」などと、普通に考えたらあり得ない条件を兼ね備えた商品を提案してきました。未公開株企業の場合は数年で資産が25倍になることが確約されているという株への投資を勧めてきました。不動産会社の場合は毎月25円を払い続けるだけで、35年後には2,500万円の不動産が手に入るという提案でした。

本書を手に取ってくださった方々は、それぞれ金融に関する知識のレベルに違いがあるかと思います。一言で金融に関する知識といっても、株は詳しいけど不動産は何も分からないなど、さまざまなケースがあるでしょう。しかし、どのような方にとっても、上記のようなおいしい話は明らかに怪しいと気づけるはずです。それぐらい、**あり得ない好条件を示してくる**のです。

　実際に私が詐欺師に対して、数字の部分でおかしいと思うところを淡々と問い詰めると、いずれの詐欺師も慌ててしまい、最終的には怒って席を立つ者もいれば、反省してしまう者もいました。

怪しいと思いつつ引っかかる理由

　それでは、なぜこのように明らかな詐欺案件に引っかかってしまう人がいるのでしょうか？　私のYouTubeでは収録はしたものの、諸事情によって公開できなくなってしまった動画も数多くあります。未公開動画の中には詐欺被害にあった方へのインタビュー動画もいくつもありました。実際に詐欺被害にあった人たちに質問をしてみると、ほとんどの方が「そんなおいしい話があるはずない」と思ったそうです。それにもかかわらず被害にあった理由は何でしょうか？　それは、**詐欺師が見ず知らずの第三者**

ではなく、既に仕事でつき合いがあったり、職場の同僚や学生時代の先輩だったりしたというのです。

　私の場合はYouTubeの収録のため、Twitterのダイレクトメッセージに勧誘メールを送ってきた人や、会社の問い合わせフォーム経由で紹介してもらった見ず知らずの詐欺師とやり取りしているため、純粋に提案された商品の内容が怪しければ、引っかからずに済みます。しかし、既に関係がある人から提案されたら、「まさか、この人は自分を騙すことはないだろう」という潜在意識が最初に来るため、見極めがあまくなってしまうのでしょう。

　悪いことをしている詐欺師を褒めるのも変なのですが、彼らは楽をして稼ぐために、多くの工夫をしています。その勤勉さを普通の仕事に活かしてくれればいいのですが、普通の仕事ができない理由がある人も多いのでしょう。

詐欺師の工夫

　たとえば、最近の詐欺は2人1組で勧誘に来るケースがあります。最初は丁寧に商品の魅力を説明するものの、そこで契約をしぶっていると、急に1人が血相を変えて怒り始めます。急に怒鳴られれば恐怖を感じて不安になってしまうでしょう。すると、もう1人が怒っている詐欺師をなだめて、優しく語りかけてくるのです。そうすると、少し安堵してしまうわけです。そのように精神的な揺さぶりもかけながら、契約に結びつけようとする詐欺師

もいるのです。

　また、昨今ではネットの普及やさまざまなアプリの登場によって、勧誘する際の手法が巧妙になっています。大学生など若い人を狙う詐欺師たちは、いかに自分たちが成功したかをアピールするために、インスタグラムを開いて自分のページを見せるそうです。そこにはタワーマンションの最上階で仲間たちとホームパーティーをしている場面や、ブランド物で身を固めた詐欺師がランボルギーニに乗っている姿など、とにかく景気のいい写真で埋め尽くされているといいます。

　大学生からすれば、自分とそれほど年齢が変わらない人が、異世界で生活している風景を見せられてしまうと、急に憧れの気持ちを抱き、自分もそのようになりたい、成功したいと思ってしま

うのかもしれません。たしかに、居酒屋やコンビニでアルバイトをしているだけでは、そのような生活は無理でしょうからね。しかし、これらの写真の中に映し出されている世界はすべて虚構なのです。

　詐欺師たちは不動産の内覧で高級なタワマンへ行き、交代しながら順に写真を撮り合い、お金を出し合ってランボルギーニを借りて、ここでもまた順番に写真を撮り合っているそうです。もはやランボルギーニではなくてレンタルギーニではないか、と私は思ってしまうわけですが、これぐらい雑な演出でも大学生だと引っかかってしまうようです。

　詐欺師たちの特徴として、なんとしてでも最終的には契約に結びつけたいがために、どうしても強い言葉を使いがちになります。その最たる例が「絶対に」という修飾語です。絶対に儲かるとか、絶対に損をしないというのです。矛盾することを言うようですが、金融商品などを薦めてくる際に<u>「絶対に」という言葉を多用する人は絶対に詐欺師</u>なので注意しましょう。

まとめ

①詐欺師はあり得ないおいしい話を持ち掛けてくる
②知り合いからでも怪しい話は信じない
③「絶対」を多用するのは絶対詐欺師

第 5 章

政治に騙されないために

投資をしたくても元手がなくて……。給料は上がらず、年金も十分もらえるのか不安なのに、国民一人当たり1,000万円の借金!?　お金については暗い話ばかりのようですが、その原因を考えたことがありますか?　もしかして政治が間違っているのでしょうか?　森永先生に聞いてみましょう。

森永王国

お金Mを作るよ!

橋つくります/　道路つくります/　野菜や肉つくります/

A　B　C　D

これから税金を徴収するよ～

え〜っ!!

国内に出回るお金が減る

01 日本ではなぜ賃金が上がらないのですか？

　お金についていろいろと学んできました。私は金融教育ベンチャーのマネネの代表として、2018年から経済や投資の話をなるべくかみ砕いて伝えるように心がけてきましたが、この塩梅(あんばい)が難しいと感じています。自らお金のことを学ぼうと思っている方には、あまりにも易しく説明すると物足りないと感じられてしまいますし、現時点ではまったくお金の話に興味がない人にはどれだけ易しく説明をしても、あまり真摯(しんし)に耳を傾けてもらうこともできません。もちろん、「ケインズが—」とか「○○理論では—」という話を急にしたら、ほとんどの人はすぐに飽きてしまいます。

┃ 最も身近なお金の話といえば？

　しかし、お金に対する関心の度合いに関係なく、誰もが前のめりに話に乗ってきてくれる方法もあります。それは、**自分に関係がある話をすることです。具体的には給料の話**です。日本の景気がとか、世界経済の行方がとか言われても、あまりにも生活実感とかけ離れています。そもそも自分一人が何かをしたところで、それだけ大きな規模の話になると何も影響を与えることができないと思えば、自分事のように考えろと言われても無理があるとは思います。

それでは、私たち日本人の給料について考えてみましょう。よく日本は世界に比べて給料が増えないといわれます。実際に世界各国のデータを見てみましょう、と言いたいところですが、まずは自分の給料について考えてみてください。**いきなり世界規模の話ではなく、自分のことから考えてみましょう。**

私は2018年に起業しましたが、それまでの10年間は会社員をやっていました。その10年のうちに何度も転職を繰り返し、しかも日本の上場企業、社員10名程度のベンチャー企業、外資系金融機関、海外の会社など、さまざまなタイプの会社を転々としていたため、日本で給料がどのような推移をしていたのか、実感としてはあまり理解できていません。外資系に転職した瞬間に給料は倍になり、ベンチャー企業に転職すると半分以下になり、という具合で、時系列での給料の変化を定点観測できないのです。

しかし、私の友人・知人には1つの会社に10年以上勤続している人もいるため、聞いてみたところ、確かにそれほど給料は上がっていない印象です。もちろん上がっていないというのは相対的な話であって、海外に住んでいたときに出会った友人に聞いてみると、海外では給料は上がっているそうです。それを聞くと、海外に比べて日本の給料は上がらないんだな、と思わざるを得ません。

世界と給料を比較してみると

　さて、ご自身の給料を振り返ってみて、どのような感想を持ったでしょうか。それでは、いよいよ世界と比較をしてみましょう。下図は**G7各国における平均賃金の推移**です（なお、G7とは以下の7カ国とEUが参加する枠組みです）。期間は1991年から2021年までの30年分になります。物価の変動を考慮した実質ベースの数字で、通貨単位は米ドルとなっています。

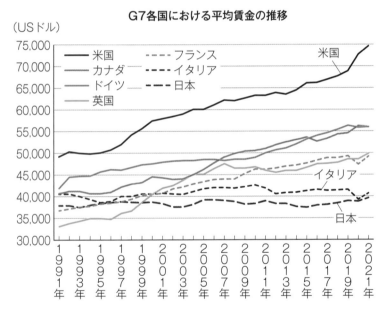

G7各国における平均賃金の推移

（出所）OECD.Stat「Average annual wages」のデータを基に株式会社マネネが作成。
（注）実質賃金、米ドル表示、2021年基準、購買力平価

　日本だけが30年間にわたって横ばいになっていますね。直近ではイタリアは日本に近い水準になっていると指摘する人もいま

すが、注目すべきは米国がこれほどまでに平均賃金が上昇していることと、米国とイタリアを除く４カ国についてもなだらかに上昇傾向を続けていることです。

　先ほど、自分の給料について考えてくださいと書きましたが、仮に自分の給料は低いなぁ、とか、全然給料が上がらないという感想を持ったあなた。もしかすると、会社が悪いとか、自分の能力が低いとか、会社や自分に原因を見いだしたかもしれません。もちろん、そういう点もあるでしょう。しかし、世界各国を俯瞰してみると、そもそも日本における平均賃金が30年にもわたって上昇していないのです。この事実を知ると、少し考えが変わりませんか？　もちろん、いま勤めている会社や自分自身にも責任があるのかもしれません。しかし、そもそも国全体として賃金が上がっていないとなると、自分だけに原因を求めるのもおかしいと思えるかもしれません。

なぜ日本の賃金は上がらない？

　それでは、どうして日本の平均賃金は上がらないのでしょう。これは国家レベルの話を一度自分に置き換えて考えてみましょう。賃金が上がらない理由が自分にあるとする場合、どのような理由が考えられますか？　結果を残さないと評価されずに賃金は上がらない、つまり成長していかなければ賃金は上がらないですよね。もちろん、勤続する限り、定期昇給で少しずつ上がるかもしれませんが、それでは大きくは上がっていかないわけです。

さて、国家レベルの話に戻りましょう。つまり、**日本の賃金が上がらない理由の一つの仮説として、日本が30年間成長していない**ということが挙げられます。では、国が成長しているかどうかを調べる場合、何を見ればいいのでしょうか。

成長具合はGDPで分かる

一般的に国の成長や、**世界の経済規模などを表すときに用いるのはGDP（国内総生産）と呼ばれる経済指標**になります。ここでは詳しい説明は割愛しますが、国内で新たに生み出されたモノやサービスの付加価値の合計をGDPといいます。「国内で」という部分がポイントで、たとえば日本企業が海外で生産したモノなどは対象になりません。**GDPは私たち家計の消費や企業の設備投資、政府の支出、純輸出（輸出額から輸入額を差し引いたもの）などで構成**されています。ニュースなどで「昨年の日本経済は２％成長した」といった表現を耳にすることもあるかと思います。この場合は、GDPの総額が前の年に比べて２％増えたということを意味しています。

ちなみに、「日本は世界第３位の経済大国」という表現がよく使われますが、これは世界各国のGDPの実額を大きい順に並べたときに、日本が米国、中国に次いで３番目に大きいということです。

　単純に考えると、人口が多い国ほどGDPが大きくなる可能性が高いため、本項では１人あたりのGDPの推移について、先ほどと同様にG7各国のデータを見てみましょう。非常に悲しいのですが、このデータから、**この25年間で日本だけがほとんど経済成長していないことが一目で分かる**かと思います。

１人あたりGDPの推移（名目）

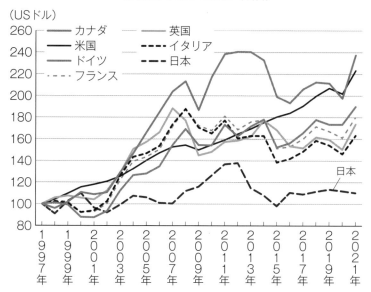

（出所）世界銀行「DataBankWorld Development Indicators」のデータを基に株式会社マネネが作成。

　なぜG7の中で、日本だけが経済成長できていないのでしょうか。一方、それでもなお、現時点では世界第３位の経済大国であるという事実を考えると、日本は昔から経済成長できていなかったのではなく、この30年ぐらいで急に経済成長できなくなったという事実に気がつきます。その理由を起点として、新たな角度か

らお金について学びましょう。

まとめ

①日本の平均賃金は30年間横ばい
②日本だけが25年間経済成長していないから
　賃金も上がっていない

02 では、なぜ日本は経済成長 しないのですか？

　なぜ日本は経済成長をしないのでしょうか。これまで、この
テーマについて多くの専門家と議論をしてきましたが、実は、い
まだに明確な答えは出ていません。人口減少や少子高齢化を挙げ
る人もいますし、日本に限らず先進国は経済が成熟して成長が止
まるという人もいます。日本の企業が抱える問題点や、そもそも
日本の国民性に原因を求める人もいます。このテーマは議論をし
始めると終わりが見えなくなります。それだけ複雑な話なので
す。

　経済成長とは前項に書いた通り、GDPの成長を指すことが一般
的ですが、そもそもGDPを経済成長の指標としてよいのだろう
か、という別の論点も出てきます。あまり議論の対象を広げ過ぎ
てもよく分からなくなってしまうので、ここでは**経済成長は
GDPの成長を指すという前提**を最初に置きたいと思います。こ
の前提に基づけば、日本だけが経済成長をしていないと言うこと
は可能ですし、p.185のグラフに基づけば前述した「日本に限ら
ず先進国は経済が成熟して成長が止まる」という主張は誤ってい
ることが分かります。

　GDPを、経済成長を測る指標にするという前提を立てましたの

5

政治に騙されないために

187

で、ここでは改めてGDPについて少し学びましょう。大学で経済学部に入ると、GDPの恒等式を以下のように習います。

GDPを表す数式

$$Y = C + I + G + (X - M)$$

GDP ＝ 消費 ＋ 投資 ＋ 政府支出 ＋（輸出 − 輸入）

YがGDPです。**GDPというのはC（消費）、I（投資）、G（政府支出）を足したものに、X（輸出）からM（輸入）を差し引いた純輸出を加えることで算出される**という意味です。

C（消費）は増やせるのか？

それなら私たちがいっぱいお金を使ってC（消費、consumption）を増やせば、GDPは増えるから経済成長するじゃないかと思うかもしれません。もちろん、単純に考えればそうなるでしょう。しかし、私たちだって給料をもらって、そこから税金や社会保険料が引かれ、残った所得から家賃や水道光熱費、食費などを払い、最後に残ったお金を趣味などに使ったり、貯金、投資にまわしたりするわけです。そうなると、**経済成長のためとはいえ、いくらでも消費を増やせるわけではありません。**

また、日本は人口が減っているため、どうしても国全体で見た消費額は増加しにくい構造にあります。日本の場合はGDP（国内総生産）の6割弱が家計の消費によって構成されています。その

ため、人口減少による消費減少を補うほどの新たな消費が増えたり、消費以外の構成項目である投資や輸出が伸びたりしていかないと、日本経済が成長をしていくことは厳しいでしょう。

企業は給料を上げられるのか？

それなら企業が給料を上げればいいじゃないか、という話になるわけですが、企業だってボランティア団体ではありませんから、事業を行い、売り上げを立て、そこから設備費用を払い、借入金の返済などをし、給料という人件費を払ったうえで、利益も生まないといけないわけです。そう簡単に賃金を引き上げろと言われても、「はい、引き上げます」とはならないわけです。

ましてや、**日本の経済が成長していない中で、企業が賃金を毎年引き上げ続ける余裕があるとは考えにくい**のです。海外でも仕事ができる大企業ならいざ知らず、主に国内でビジネスを行っている中小零細企業にとっては、戦場である国内経済が成長しないなら、自分たちも従業員への給料を十分に引き上げることは難しいわけです。給料が十分に出なければ家計は節約をしますから、モノやサービスが売れなくなります。少し難しい表現を使えば、需要がなくなるということです。

投資や輸出は増やせるのか？

需要がない中で、民間の投資、つまり I（investment）が増える

のか、といえば増えるわけがないでしょう。借り入れをして投資をしても、回収できる見込みがないのであれば、わざわざ金利を払ってまで借り入れをして投資するメリットがありません。

それなら輸出を増やすか、輸入を減らせばGDPは増えると思うかもしれませんが、これもそんな単純な話ではありません。**輸出できるもの、つまり海外から必要とされるものを作り出せるのか。日本が食料やエネルギーの輸入を控えることができるのか。**このような現実的な問題も出てきます。

それならG（政府支出）はどうなのか？

このようにGDPの構成要素を1つずつ見ていくと、なかなか思う通りにコントロールすることが難しそうです。構成要素のうち、まだ触れていないのがG（government spending）、つまり政府支出ですね。ここに関してはある程度は政府がコントロールして増減させることができそうです。

そう言える理由は何かというと、前述の通り企業や家計は予算に制約がありますから、GDPを増やすために投資しろ、消費しろと言われても、将来のことも考えながら、いまある資産とこれから入ってくる所得を基に考えながら行動を取るしかありません。それに対して、そもそも**政府にはそのような予算制約はありません**。また、企業や家計には寿命がありますから、お金を貸す銀行も慎重になります。お金を貸した企業が倒産したり、個人が亡く

なってしまったりすると、回収できなくなるリスクがあります
が、一般的に国家には寿命がないわけです。もちろん、歴史を振
り返れば戦争や天災などでなくなっていった国家もありますが。

　それでは、日本の政府はどれぐらい政府支出をしてきたので
しょうか。支出をする度に増えていく政府債務の残高（総額）の
推移について、前項と同じくG7について見てみましょう。2001
年を１として指数化してみると、英国や米国が５倍以上に政府債
務を積み上げているのに対して、**日本はG7の中でも最も債務残
高を増やしていない国**ということが分かります。

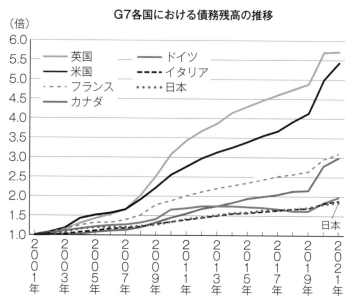

（出所）IMF「World Economic Outlook Database, April 2022」のデータを基に株式会社マ
ネネが作成。

なぜ日本では政府債務を増やさなかったのでしょうか。そもそもその方針を決定しているのは誰かと言えば、政治家や官僚たちであり、私たち民間人ではありません。選挙を通じてどの政治家を国会に送るか、という判断と行動をすることは可能ですが、そこから先はコントロールできませんね。

これまでの経済政策は正しかったのか？

　そう考えると、**日本が経済成長をしなかった理由として、政治家や官僚などが正しい経済政策をとらなかったこと。そして、有識者として政治家や官僚に招聘された学者たちの提案した経済政策が間違っていた**こと、などが挙げられそうですね。

　政治家や官僚、有識者たちのほとんどが素晴らしい学歴や職歴をお持ちです。頭がいい人たちが揃いも揃って誤った政策をとることなどあるのでしょうか？　頭がいいのに間違える？　よく分かりませんよね。そのような不思議な現象が起きた理由として考えられる仮説を次項で説明しましょう。

まとめ

①経済成長していない日本で外部環境に関係なく増やしやすいのは政府支出
②日本はG7の中で最も政府支出が少ない
③政府や官僚の経済政策が正しかったのかを考えてみる

03　国民1人あたり1,000万円 の借金って本当ですか？

　なぜ日本の政府は他国のように積極的に政府支出をせずに政府債務を積み上げなかったのでしょうか。そのヒントとして読者の方も何度も耳にしたことのあるフレーズがあります。それは、「日本では国民1人あたり1,000万円以上の借金がある」というものです。

国民1人あたり1,000万円の借金？

　財務省が発表した2022年6月末までの国債や借入金などを合計したいわゆる「国の借金」は1255兆1932億円となり、過去最大を更新しました。これを日本の人口で割ると、国民1人あたりの借金は1,005万円となり、「日本では国民1人あたり1,000万円以上の借金がある」という表現になるのです。だいたい、このニュースが流れるときは、「これ以上、日本が国債を発行すると財政破綻する」とか「これ以上、日本が国債を発行すると円の信認が失墜してハイパーインフレ（通貨が信用を失って物価上昇が止まらなくなること）が起こる」などの指摘が併せて報道されます。この情報を基に国が財源として国債を考えているという記事が出ると、「子どもや孫といった将来世代にツケを回すのか」と怒りの声が溢れます。その結果、増税を受け入れないといけない、という

5

政治に騙されないために

論調になっていきます。

日本の財政状況は悪いのか？

　まずは日本の財政状況についてのデータを見てみましょう。下図は日本の一般会計歳出と一般会計税収の推移を表したものです。1990年（平成2年）頃から一般会計歳出と一般会計税収の差が開いていっているのが分かるかと思います。このギャップをよく「（財政の）ワニのクチ」と表現することがあり、このクチが開きすぎると日本の財政が破綻してしまうと言われているわけです。この**ギャップを埋めるべく、国債（特例公債と建設公債）を発**

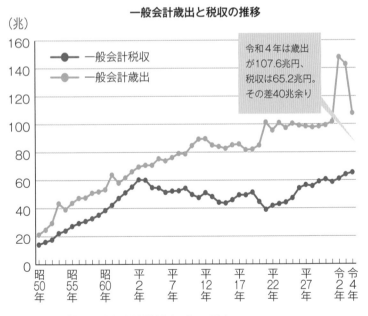

一般会計歳出と税収の推移

令和4年は歳出が107.6兆円、税収は65.2兆円。その差40兆余り

（出所）財務省「日本の財政関係資料（令和4年10月）」

行しています。

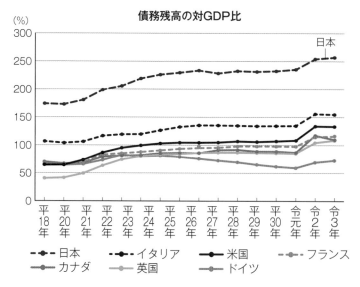

債務残高の対GDP比

(%)

凡例: 日本 ／ イタリア ／ 米国 ／ フランス ／ カナダ ／ 英国 ／ ドイツ

全世界における順位（176カ国中）

順位	国	比率
1	マカオ	0.0%
2	香港	0.3%
105	中国	68.1%
107	ドイツ	68.7%
148	英国	102.6%
157	フランス	115.2%
158	カナダ	117.8%
164	米国	108.5%
173	イタリア	134.6%
175	ギリシャ	184.9%
176	**日本**	**235.4%**

※数値は令和元（2019）年

（出所）財務省「日本の財政関係資料（令和4年10月）」

たしかに、このグラフを見ると、日本の財政状態は非常に悪いように見えますね。日本の債務残高の対GDP比率を見てみると、日本の債務残高は全世界176カ国・地域のうち176位と最下位になっています。財政破綻のイメージがあるギリシャよりも悪い状態にあります。

　これらのデータを見る限り、日本政府がこれまで積極的に政府支出をせずに債務残高を積み上げなかったのは賢い選択であり、かつ仕方のないことだったように思えます。しかし、そもそも政府債務残高を「国の借金」として考えたとき、その金額を国民の数で割って、国民1人あたりの借金として表現することは正しいのでしょうか?

国の借金は民間の資産

　国の借金ということは、少し会計的な言い換えをすると、国の負債ということになります。簿記の世界では複式簿記という考え方があり、これは簡単に言うと負債が発生したら、同時にどこかで資産を計上するというものです。

　少し分かりづらいかもしれませんので、1つ具体例を出してみましょう。私が銀行から100万円を現金で借りた場合、複式簿記ではこれをどのように仕分けるでしょうか。銀行から100万円を借りて、いま手元に100万円分の現金があるわけですから、「現金100万円」の資産として計上します。一方で、いずれ銀行に返さな

ければいけない「借入金」という負債が発生したわけですから、「借入金100万円」を負債として計上します。

　複式簿記に慣れていないと少し難しく感じるかもしれませんが、当たり前のことを言っているだけです。すごくシンプルな例で感覚的に理解してもらうとすると、プロ野球で巨人と阪神が試合をして、巨人が勝ったとしましょう。そうすると、言うまでもなく阪神は負けているわけです。

　つまり、政府が国債を発行することを「国が借金をする」と表現するのであれば、**国（政府）の借金という負債が生じたタイミングでどこかに資産が発生している**わけで、その**資産の保有は民間**になるわけです。資産と聞くと現金・預金を思い浮かべるかもしれません。もちろん、それは正しいのですが、高速道路や橋、ダムなどのインフラも資産として存在することは忘れないようにしましょう。

複式簿記で考えると？

資産		負債
（銀行から借りた）100万円	⟺	100万円
巨人の勝ち	⟺	阪神の負け
民間の資産	⟺	国の借金

1人あたりの借金の計算自体がナンセンス

　人はいずれ死にますから、たとえば私が銀行からお金を借りれば、生きている間に返済しなくてはいけません。しかし、国は永遠に続く前提ですので、**借金のために国債を発行しても満期が来れば新たに国債を発行して借り替えることが可能**です。国の借金という負債が生じると同時に民間の資産が発生したときに、国の借金を国民の数で割るという発想だと、国が橋やダムを造ったら、どこかのタイミングで借金返済のために資産を売却したり、借金返済に充てるための税金を課したりする必要があることになります。そんなことをやっていては国が経済成長をすることなどあり得ないことが分かるでしょう。

　さらに言うと、**民間の資産には当然家計も含まれていますので、国の負債額を国民の数で割り、1人あたりの借金額を算出することには意味がない**のです。

日本は海外にも資産がある

　また、日本は世界の中の一国であり、経済は国内だけで完結しているわけではありません。それでは日本は海外に対してどれぐらい負債を負っていて、同時にどれぐらいの資産を持っているのでしょうか。財務省が発表している「令和3年末現在本邦対外資産負債残高の概要」によれば、日本の対外資産残高は1,249兆8,789億円、対外負債残高は838兆6,948億円となっています。つま

り、**資産から負債を引いた対外純資産残高は411兆1,841億円**と
なりますね。

　たとえば、私が多額の住宅ローンを保有していたとしても、一
方では住宅ローンで買った物件が資産としてあるわけです。それ
とともにアメリカ株やヨーロッパの不動産など、海外に大量の資
産を持っているとしたら、私が個人破産しそうなほどまずい状態
に見えるでしょうか？

世界との比較で分かる的外れな意見

　以上のことより、**1人あたりの借金が1,000万円を超えたとか、
国債を発行することが将来世代にツケを回すことだという意見が
いかに的外れ**なものかが分かると思います。また、債務残高の
GDP比率を持ち出して日本の財政状態は世界最悪レベルなので、
歳出を絞って、税率を引き上げて税収を増やして財政健全化を目
指さないといけないと言う方も多いですが、前項で見たように、
どの国も政府債務残高は積み上がっており、p.191のグラフを見
ると、G7の中では日本の政府債務残高の伸びは低いほうに位置
していました。そして、日本は他国に比べてGDPがほとんど成長
していないことも確認してきた通りです。

　政府債務残高の対GDP比率を計算する場合、分母にGDPがく
るわけで、他国が分子・分母ともに増えていく中で、**日本だけが
分母がほぼ一定のままで分子の政府債務残高が他国より緩やかと**

はいえ増加しているのであれば、p. 195のグラフや表で政府債務残高の対GDP比率が際立って悪く見えるのは自明の理です。

国債は将来世代にツケを回す？

そもそも、国債を発行すると本当に将来世代にツケを回すことになるのか。それが理由で日本が財政破綻をするのか。このあたりをもう少し深く考えていく必要がありそうです。

国の借金と呼ばれているものは、正確には「政府債務」と言います。G7各国の政府債務残高の推移を再度見てみましょう。2001

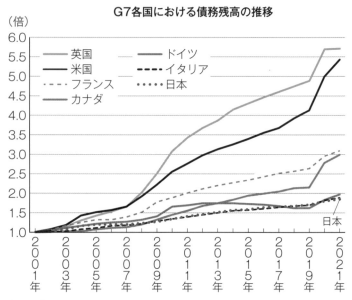

G7各国における債務残高の推移

（出所）IMF「World Economic Outlook Database, April 2022」のデータを基に株式会社マネネが作成。

年を１としたときに、英国も米国も2021年時点で政府債務残高は５倍以上に積み上がっている一方で、日本は1.8倍にしかなっていませんでしたね。仮に「国の借金が増える＝政府債務が積み上がる」ことが問題なのであれば、英国や米国では日本以上に財政破綻懸念が騒がれていなければおかしいですよね。

　むしろ、適切な財政出動をせずに国を成長させず、老朽化したインフラを放置し、国内の供給能力を棄損させ続けるほうが、よほど将来世代にツケを回すことになる、と私は思います。

5

政治に騙されないために

まとめ

①国の借金は民間の資産
②世界目線で見ると日本は411兆円の黒字
③GDPが伸びていないので債務残高の対GDP
　比率が高いのは当たり前

04 財源を作るには増税しなければならないのですか？

　国債を発行し過ぎると財政破綻してしまうという前提があり、かつ日本の財政状態は世界最悪レベルなので、他国のように日本政府は政府債務残高をこれ以上積み増せない。よって、積極的に政府支出するなんていうのはもってのほかで、将来世代のために増税をして財政再建をしなくてはいけない……。

　政策を決める政治家たちはこのような誤った認識に基づいてさまざまな経済政策をとっているということを学びましたが、**長期にわたり経済成長せず、賃金も上がらないという他国にない状況を見てみると、根本的なところに誤った認識がある**からのように思えます。本書はお金のことを幅広く学ぶための本ですので、一番重要な「お金」について考えてみましょう。

財源を作るには増税が必要？

　日本では、**政府が何かをするときには財源がないと何もできず、財源を作るためには税収が必要**だと考えている人が多いかと思います。最近の話でいえば、少子化対策のために消費増税をするとか、防衛費を増額するために法人増税をするなどの政治家の発言がSNSで炎上したのは記憶に新しいところです。しかし、本

当にそうなのでしょうか？　たとえば、コロナ禍では国民1人あたり10万円の定額給付金が配られましたが、その財源を用意するために増税をしたという記憶はありませんよね。

できたばかりの国で考えてみよう

　話をシンプルにするために、できたばかりの国で考えてみましょう。たとえば、「森永帝国」がいまこの瞬間にできたとします。国民は10人だけだとします。

　森永帝国はできたばかりなのでお金がありません。橋や道路もありません。そこで、森永帝国の王様がお金を発行し、そのお金でAさんに橋を作ってもらい、Bさんには道路を作ってもらったとします。AさんとBさんは仕事の対価としてお金を手に入れますから、そのお金を使ってCさんが売っている野菜や、Dさんが売っているお肉を買うでしょう。このように、王様が発行したお金が10人の間をぐるぐる回って経済も回ることになります。

　王様がダムも必要だということでEさんにお金を発行し、ゴミ拾いをやってくれているFさんにもお金を発行し、という具合にどんどんお金を発行していった結果、この国の中でお金が大量に出回るようになりました。そこで、これからは所得の一部を税金として徴収しますと王様が決めれば、世の中に出回るお金の総量は減ることになります。

5

政治に騙されないために

政府と銀行はお金を生み出すことができる

このようにできたばかりの国で考えると、税収を財源としない
と政府は何もできない、または政府が何かをするためには財源が
必要なので税収を先に用意する必要がある、といった考え方は
まったくもって誤りだということが分かるでしょう。

つまり、国は何もないところからお金を生み出すことができる
のです。少し難しい言葉を使うと、これを「信用創造」と言いま
す。ちなみに、国以外にもお金を作り出すことができる存在がい
ます。それは銀行です。

5

　こんなことを言うと混乱してしまうかもしれませんが、実際に銀行からお金を借りたことがある人は理解しやすいでしょう。たとえば、5,000万円の家を買うために、頭金として500万円を用意して、残額の4,500万円を住宅ローンとして銀行から借りるとします。住宅ローンを組んだことがある方は分かるかと思いますが、この場合、実際に銀行から4,500万円分の現金を手渡しされるわけではありませんよね。銀行に対する4,500万円分の借入金という負債が発生し、銀行からは4,500万円分の預金データが自分の銀行口座に記録されます。

　つまり、**銀行はパソコンで4,500万円を貸してあげると打ち込むだけで、顧客の口座の中に4,500万円分の預金を作り出すことができる**のです。そして銀行はこういった貸し出しを繰り返すことでお金をどんどん生み出すことができます。これも「信用創造」です。

　しかし、だからといって銀行が無制限にお金を生み出すことは
ありません。なぜなら、銀行は民間企業であり、営利企業ですか
ら、貸したお金が返ってこないと仕事になりません。そこで、銀
行にとっては相手を審査して、十分な返済能力があると判断した
顧客にのみお金を貸し出すわけです。また、銀行自体にも資金力
に応じて貸出金の上限を課す法律も存在しています。

国は無制限にお金を生み出せる？

　それでは国にとっては何が信用創造の上限となるのでしょう
か。少し難しいことを言えば、**その国の供給能力が一つの上限**に
なると思います。

　先ほどの森永帝国の例で考えましょう。たとえば、国はお金を
無から作り出せるからといって、Aさんに1兆円分の橋を作るよ
うに依頼したとしても、そもそもAさんが1年で作れる橋の数は

決まっており、そんな莫大な予算を消化することはできません。仮にＡさんが１年で作れる限界まで作ってくれれば１兆円をあげるとしてしまうと、Ａさんが一気に大金を手にすることになります。その結果、Ａさんがバンバン消費をしだすと、森永帝国では大量のお金が出回り、モノの値段もどんどん上昇していってしまいます。そのことを考えると、**国は無からお金を作り出せるからといって、なんの考えもなしにバンバンお金を作り出すと、国内の物価が上昇し過ぎてしまう**のです。

なんだか今まで常識だと思っていたお金の知識がひっくり返ってしまったような感覚に襲われてしまった方もいるかもしれませんので、本項で重要なことを１つだけまとめます。それは、国は財源がないと何もできないということはなく、国ができたばかりのことを考えれば、**まずは国がお金を先に発行し、そのあとに初めて税として出回っているお金を徴収できる**という順番であるということなのです。

5

政治に騙されないために

まとめ

①財源は必ずしも税金でまかなう必要はない
②国と銀行はお金を生み出すことができる
③とはいっても無制限ではない
④国が先にお金を発行し、あとで税金を徴収すればいい

05 税金ってどうして必要なんですか？

　国と銀行が信用創造によって無からお金を作り出せるということを学びました。ここだけを聞くと、早とちりや勘違いをする人が続出します。大事なことは、**お金は無制限に作り出せるわけではなく、国の場合は供給力以上にお金を出し過ぎるとモノやサービスの値段は急騰**しますし、銀行の場合は借りる人の信用度が十分になければ貸し出すことはありません。

国がお金を作り出せるなら税金は不要？

　しかし、このように説明をしても、まだ見当外れな主張をする人もいます。それは、銀行は貸し出す人の信用度が高くないとお金を貸せないという条件があったとしても、国は営利企業ではないのだから、**国がお金を発行しさえすれば、少なくとも税金はこの世から必要がなくなるのではないか**、という主張です。この主張、一見正しいような気もしますが、実は多くのことを理解していないことが明らかになってしまいます。

　まず、既に学んだことですが、国がインフラを作ったり、給付金を配ったりと何かをする際に、税収によって財源を用意する必要はありません。国は自らお金を作り出せるからです。しかし、

国が無からお金を作り出せるからといって、税金がいらないということにはなりません。また、税金は財源としてだけ使われるわけではありません。税金本来の機能を理解していない人も多く見かけます。そういう人ほど、前述のような誤った主張をしがちです。それでは、税金の機能とは何でしょうか?

税金の役割

　まず1つ目が、資産や所得の再分配を行うという格差是正機能です。資産や所得が多い人ほど多くの税金を払ってもらい、少ない人には支払額を少なくして格差を是正するのです。たとえば、所得税は累進課税制度が適用されていますから、年収が300万円の人(10%)と3,000万円の人(最大40%)とでは、所得税率が変わってきます。

　2つ目の機能は景気の調整をするということです。景気が良くなって企業の利益や個人の所得が増えれば、その分、税収も増えていきます。逆に景気が悪くなって企業の利益や個人の所得が減れば、税収も同様に減っていきます。このように自動的に景気を調節する機能のことを「ビルトインスタビライザー」と呼ぶこともあります。

　3つ目の機能は2つ目に似ていると思われるかもしれませんが経済政策として用いられるということです。ビルトインスタビライザーは何もせずとも勝手に景気動向に応じて作用しますが、経

済政策の場合は政府が意図的に変化させていきます。たとえば、景気が悪いということになれば、減税をすることで景気を刺激することもできますし、逆に景気が過熱していると思えば、過熱している分野に対して増税をすればいいのです。

　4つ目の機能は産業保護です。いわゆる関税ですね。たとえば、いま日本が国内で半導体産業を育てたいと考えていたとします。しかし、完全に自由な貿易をしている場合、既に日本よりも先行している台湾や韓国から安く高性能の半導体が輸入されてしまいます。そうなると、せっかく日本国内の半導体産業を育てようとしても、台湾や韓国の半導体ばかりが買われてしまい、国内の半導体産業が育つ環境ができ上がりません。そこで、海外から輸入される半導体に高い関税をかければ、少なくとも日本国内においては日本製の半導体が最も安くなり、日本の半導体を買ってくれる人が増えて、日本の半導体産業が育つ環境ができ上がります。

　5つ目の機能は好ましくない動きを制限し、好ましい動きを促進することです。たとえば、タバコは身体に悪いとします。とはいえ、タバコ産業や関連産業で働いている人が多いため、タバコを急に禁止すると大量の失業者が発生します。そこで、タバコに課税すれば、タバコの価格が上がりますから、1箱300円なら買うけど、1箱500円なら吸うのをやめよう、というかたちで、好ましくないとされる行動を課税することによって制限することができるのです。一方、好ましい動きを促す例としては、エコカー減税などが挙げられます。

	役割	主な税
1	格差を是正する	所得税、相続税、贈与税など
2	景気を自動的に安定化する	所得税、法人税など
3	経済政策に用いられる	所得税、法人税、消費税など
4	国内産業を保護する	関税など
5	好ましくない動きを制限し、好ましい動きを促す	タバコ税、自動車税、エコカー減税など

5
政治に騙されないために

お金を稼ぐために働く理由の一つ

　このように税金には多くの機能があるので、国が無からお金を作り出せるからといって、税金は必要ないということにはならないのです。また、少し別の角度からも考えてみましょう。私たち日本人は日本円を使っていますが、たとえば1万円札は製造原価が20円ちょっとと言われています。そして、この1万円札は1万円分の金と交換してもらえるわけでもありません。それでは、なぜ私たちは額面通りの価値のない日本円を集めるために日々働いているのでしょうか。

　その理由の一つとして、税金の存在が挙げられるのではないでしょうか。たとえば、日本に住みながら、米国の企業とビジネスをしていて、毎月米国ドルで収入を得ているとします。さて、納税をしなくてはいけないタイミングで、この人の口座にはたくさんのお金があるけれども、すべてが米国ドルだった場合はどうなるでしょう。**日本では日本円以外での納税は認められていません**。その結果、この人は日本で生活する以上、日本円がどうして

も必要となるのです。このような考え方を「租税貨幣論」と言ったりもします。

モズラーの名刺

これまで学んできたことを網羅的に説明してくれる「モズラーの名刺」という逸話があるので、それを紹介して本項を終えるとしましょう。

モズラー家は両親と2人の子どもという4人家族で、それなりに広い家に住んでいます。自宅が広いので掃除や手入れが大変です。そこで、モズラーは子どもたちに家事を手伝ってもらいたいと考えました。しかし、子どもたちが自ら進んで家事を手伝ってくれることはないので、「家事を手伝ってくれたら私の名刺をあげよう」と伝えます。でも、子どもたちは父親の名刺など欲しがりません。子どもたちにとって名刺は価値がありませんから、手伝いをして欲しくもない名刺をもらうよりも、手伝いをせずに遊んでいたほうがずっと楽しいのです。

父親=政府、名刺=税金（お金）、子どもたち=国民

そこで、モズラーは子どもたちに家事を手伝わせる方法を考えます。モズラーは「月末までに名刺を30枚集めて私の元に持ってきなさい。名刺は家の手伝いをしたら渡してあげよう」と子どもたちに告げるのです。そんなことを言っても子どもたちは手伝わ

ないと思うかもしれませんが、モズラーは「**名刺を集められな**
かったら家を出て行ってもらう」という厳しい条件をつけたので
す。

　家から追い出されるわけにはいきませんから、子どもたちは必
死でお手伝いをして名刺を集めるようになります。このようにし
て、名刺を集めるべく2人の子どもたちは家事を一生懸命やるわ
けですが、徐々に保有する名刺の枚数にも違いが出てきます。た
くさん家事をすれば、翌月に31枚目以降の名刺は持ち越せるから
です。そうなると、**父親に毎月納める名刺以外の部分でも取引が**
発生します。例えば、兄が弟の代わりに宿題をやってあげるので
名刺を5枚もらう、弟がお風呂掃除をするので兄が名刺を5枚譲
る、といった具合です。

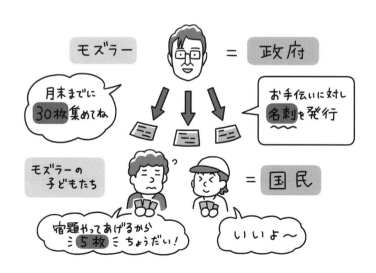

月末になると、モズラーは子どもたちから名刺を集めますが、子どもたちから集めた名刺はどのように使っても問題ありません。翌月に配布する名刺として使うこともできますし、捨ててしまってもいいのです。翌月に配る名刺は、足りなければ新しく印刷すればいいわけですし、印刷費やプリント用紙など細かい話を無視すれば、**モズラーが発行する名刺に上限はありません**。

　この逸話をしっかりと理解すると、これまで書いてきた税金の機能や存在意義を深く理解できるようになるかもしれません。

▌日本の政治の間違い

　ここまでお金や税金のことを理解すると、日本の政治家がどのようにして誤った政策をとってきたか、その理由が分かってくるでしょう。つまり、**税金がないと何もできないと考え、かつ歳出と税収が等しくなるような財政均衡を目指してきた**。したがって、**景気が悪くても減税はせずに増税をし続け、しかも科学技術予算や公共事業などいくらでも政府支出をする先はあるにもかかわらず、他国が政府債務残高を積み増していく中でも、日本だけはわずかにしか政府債務残高を積まなかった**のです。

　このように政府が財政赤字など財政状態を見ながら政策を決めるのではなく、あくまで物価や失業率など経済環境を見ながら、それに応じた政策をとる考え方を「機能的財政論」と呼ぶことも覚えておくといいでしょう。

5

まとめ

①税金には５つの役割があるので必要
②「モズラーの名刺」で税金の役割を考える
③税金＝財源論を見直す

第 **6** 章

お金と上手に
つき合うために

お金はあればあるだけ安心ですが、多ければ多いほど幸せになる
とは限らないようです。お金と上手につき合うために必要な視点
や気をつけるべき点、向き合い方を、森永先生に教えてもらいま
しょう。

01 お金はあればあるだけ いいですよね？

　お金についてさまざまな角度から学んできました。現在の社会構造上、誰もがお金と無縁では生きていけません。日本人はお金の話をしたがらないと長らくいわれてきましたが、たしかにお金の話をする人間をどこか軽蔑する雰囲気を感じることは多々あります。「お金は命より大事だ」とか「お金で買えないものはない」といった発言に抵抗感や嫌悪感を持つのは当然かと思います。私はそこまでお金を重要視はしていないものの、お金はあったほうがいいとは考えています。**お金があったほうが選択肢は増えますし、家族など自分の大事な人たちにもより多くの選択肢を持たせることもできます**。子どもが習い事をしたいとか、留学をしたいと言ったときに、親の経済的な理由から諦めさせたくないと私は思いますし、多くの子どもを持つ方も同様の思いなのではないでしょう。

お金に対する価値観

　そのうえで私は、**お金に向き合う態度は「普通」が一番**だと思っています。この「普通」というのは厄介なもので、人によって普通が何を指すかが変わってしまうので、あまり使いたい言葉ではありません。正確を期すために少し難しい言葉を使うなら、「中

218

庸」がいいですよね、ということです。**要は極端な価値観は持た
ないようにしましょう**、ということです。

　前述の通り、「お金は命より大事だ」とか「お金で買えないもの
はない」のようにお金を絶対視するのも行き過ぎですし、「お金の
話をする人は卑しい」といったお金への極端な嫌悪感を持つのも
やめて、「お金はあったほうがいいけど、いっぱい持っていても意
味はないよね」ぐらいのラフな感じでいいと思うのです。

　お金に対する向き合い方を考えるにあたって、経済学で習う
「限界効用逓減の法則」の話を共有したいと思います。なんだか難
しい言葉だな、と思われるかもしれませんが、内容自体は何も難
しいことはないので解説していきます。

　まず、「限界効用」という言葉が難しいのですが、経済学的に説
明をすれば**消費財（モノやサービス）を1単位追加して消費する
ことで得られる効用の増加分**ということになります。意味が分か
らないと思うので、ざっくりと表現するのであれば、ジュースと
かビールを1杯飲んだときに得られる満足度だと考えましょう。
そして「逓減」という言葉も難しいのですが、これは次第に減る
こと、徐々に少なくなっていくことを意味します。

2杯目のビールは1杯目ほど美味しくない？

　言葉の意味が分かりましたので、簡単な例を挙げてみます。仕

事の後のビールや、運動した後のスポーツ飲料って美味しいです
よね。特に大きな仕事をやり遂げた後や、炎天下で汗をいっぱい
かいた後の1杯というのは格別なものがあると思います。1杯目
を飲み終えた後、2杯目もおかわりしちゃいますよね。場合に
よっては、3杯、4杯と飲み続けるかもしれません。スポーツ飲
料だとそれはないかもしれませんが、ビールなら十分に考えられ
るかと思います。

　そこで考えてほしいのです。1杯目は最高に美味しかったかも
しれませんが、2杯目以降も同じように「美味しい！」という感
動があったのかと。おそらく、2杯目は1杯目ほどの感動はな
かったと思いますし、飲み続けるほど1杯ごとの感動は薄れてい
くはずです。これが「限界効用逓減の法則」というものです。これ
まで書いてきた説明を図示すると下図のようになります。

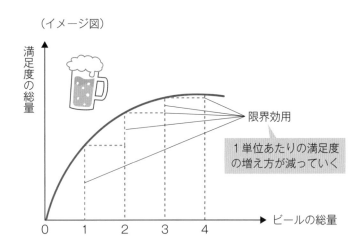

（イメージ図）

満足度の総量

限界効用

1単位あたりの満足度
の増え方が減っていく

0　　1　　2　　3　　4　　→　ビールの総量

お金もビールと同じ？

　お金も同じような考えでいいと思うのです。たしかに給料が上がったり、投資で儲かったり、何かしらの臨時収入があれば、すごくうれしい気持ちになると思います。前から欲しいと思っていたブランド物を買ったり、海外旅行に行ったりもできるでしょう。ただ、手に入れるお金がどんどん増えていったらどうでしょうか？　ブランド物のバッグを買うだけではなくて財布も買ったり、ハワイに行くだけではなくて世界一周旅行をしたりするなど、お金が増えれば増えるほどできることも増えていき、満足度は増すでしょう。しかし、初めてもらったボーナスで海外旅行をしたり、昇格した自分へのお祝いに時計を買ったりという、**最初の頃に覚えた感動と同じレベルの感動を覚えることはだんだん難しくなる**のではないでしょうか？

　つまり、この項の冒頭に書いたように、お金はあったほうができることが増えるので、あるに越したことはないのですが、かといって、**お金があり過ぎたらありがたみも薄れていきます**よね、ということです。昔から「足るを知る」という言葉がある通り、**これぐらいあれば十分という尺度を自分の中に持つことで、お金に左右される人生から脱却できます。それに、過度にお金に対して嫌悪感を抱くこともなくなる**のです。

評価の尺度を外部に持たない

　そもそも評価の尺度を自分の中に持つことは幸せな人生を送るためには非常に重要なことです。私の周りを見ても、**評価の尺度が外部にある人も**多くいます。ただ、そのような状態だと、あらゆる情報が無料で目に入り込んでくる現代のネット社会においては不幸になることが多いでしょう。たとえば、Facebookやインスタグラムなどで他人の生活の一部を見ることができますが、だいたいSNSに投稿される生活の一部の多くは盛りに盛っていると思います。しかし、その情報を額面通りに受け止めてしまうと、自分よりも豊かで幸せそうな人ばかりに見えて、なんだか自分がみすぼらしく感じられてしまいます。そこのギャップを埋めて追いつくためには、もっとお金が必要だという考えにもなってしまいます。

　ただ、世の中、そんなにあまくありません。お金が必要だからといって、急に明日から給料が上がるわけでもないですし、短期間で投資がうまくいくことや、宝くじが当たることもめったにありません。それにもかかわらず、なんとか**短期間でお金が欲しいと思ってしまうと、ギャンブルや詐欺に走ってしまう**のです。そして、残念ながらその方向に走ってしまった人の多くは、結果的にはもっと人生が悪い方向に転がっていってしまいます。

なぜお金で失敗するのか？

　ここまでは、当たり前のことしか書いていないと思います。一切難しいことなどありません。それにもかかわらず、多くの人がお金で失敗するのはなぜでしょうか。私の父が過去にこんな話をしてくれたことがあります。それは、「**お金は海水のようなものだ**」というものです。

　たとえば、船に乗って旅をしていたところ、途中で船が壊れて遭難してしまったとします。船には十分な飲料がないのに、炎天下の中でいよいよ脱水症状を起こす乗組員が出てきます。すると、一人の乗組員が限界を迎え、海水をすくって飲んでしまいました。さて、この乗組員はどうなるでしょう？　飲んだ直後は水分を摂取するわけですから快感に襲われると思いますが、塩分の

高い海水ですから数分後にはもっと喉が渇いてしまい、さらに海水を飲むことになるでしょう。そして、その後の結果は言うまでもありません。

お金が人生の中心になるということ

　つまり、一度でもお金の魔力に吸い寄せられてしまうと、もうお金が人生の中心になってしまうわけです。他人を騙してでも、法を犯してでも、どんどんお金が欲しくなってしまう。何を買うわけでもないのに、とにかくお金が欲しい。こうなってしまえば、もう人生はおしまいでしょう。

　私の父が、富裕層が集まる会に顔を出したとき、そこには大量のお金持ちの社長たちがいたそうですが、誰一人幸せそうではなかったと言います。常に寝首をかかれるかもしれないという恐怖心を抱きながら、その恐怖心をかき消すためにひたすらお金を増やそうとしているそうです。私も似たような会に顔を出したことはありますが、同様の感想を持ちました。常に自分がいかに仕事で成功しているかを語り合い、それを証明するためだけに高い不動産を買い、高級ブランドで身を固める。でも目の奥にはずっと不安が見えている……

　私は、お金は大事だと思いますし、これからもその考えは変わらないと思います。でも、お金が人生の中心になってしまうような人間にはなりたくないのです。

6

お金と上手につき合うために

まとめ

①お金は必要以上に増えると効用が減り始める
②自分なりの「十分の尺度」を持つ
③お金は海水のようなもの。人生の中心にしない

02 長生きはしたいものの、経済力がもつのか不安です…

　人間というのは無意識のうちにさまざまな価値観を刷り込まれているものです。たとえば、これまでも触れてきたように、お金については、なんとなく「汚いもの」や「卑しいもの」という印象を持っている人は多いかもしれません。また、投資についても「危ないもの」とか「ギャンブル」という印象を持っている人も多いかと思います。ただ、そういう印象を持つ必要がないことは、ここまで本書を読んでいただいた方には既に十分理解していただけたでしょう。

長生きを支える2つのこと

　同様に無意識のうちに価値観が刷り込まれてしまっているものに「長生き」や「長寿」は良いことだというものがあります。日本は世界一の長寿国といわれることも多く、そのような評価もあるので、無意識のうちに長生きをポジティブに捉えている人が多いように感じます。しかし、その「長生き」という言葉には、いくつかの前提条件となる言葉が隠されていると考えます。それは<u>**「健康な身体」**</u>と<u>**「十分な経済力」**</u>の2つです。

　たとえば、現在の平均寿命を考えれば、90歳まで生きれば長生

きと称されるでしょう。しかし、仮に一切の蓄えがなく、年金も
十分にもらえない状態で65歳を迎えた場合、その後の90歳まで
の25年間の老後生活は本当に幸せなのでしょうか。また、病気や
怪我の後遺症で自由に動けなくなった状態で老後生活を迎えるこ
とになったらどうでしょうか。

　おそらく、長生きは良いことだと考える人たちの多くは、健康
な身体と十分な経済力を持ったうえで長生きすることを想定して
いるのではないでしょうか。そうではない場合の長生きは念頭に
おいてすらいないかもしれません。

　本書の中では既に「老後2,000万円問題」は前提とするデータ次
第では結論が大きく変わることや、そもそも各人の収入や資産の
状況によっても老後生活への備えとしてやるべきことはさまざま

であるという旨は書いてきましたが、いずれにせよ<mark>十分な経済力を持ったまま老後生活を迎える必要があるというのは万人にとっての課題</mark>であると思います。

　もちろん、将来のことは分かりませんし、自分自身の努力だけではどうにもならないことも多々あるでしょう。しかし、どのような未来が待ち受けていたとしても、外部環境に依存しない範囲でできることをやったうえで理不尽な将来を迎えるのと、できることをやらないまま本望ではない老後生活を迎えるのでは自分の中の納得度も変わってくると思います。たとえば、いまある資産を運用して増やしたり、収入を増やすために資格を取得したりするなど、できることはしたうえで未来に備えるのがよいでしょう。

健康維持にもお金は必要

　本書はお金に関する書籍であって健康本ではありませんから、健康的な身体を保つための方法論については言及しません。そもそも私自身がお医者さんでもないですから。ただ、健康な身体の維持にも経済力は必要なのではないか、とも考えるです。

　たとえば、経済力に不安があると、食費を切り詰めようとして、インスタントフードや冷凍食品、ジャンクフードばかり食べることになりかねません。または栄養バランスを考えず、価格だけを優先して食材や食品を選ぶことにもなるでしょう。仕事について

考えてみても、十分な経済力があればブラックな環境下で無理な労働をする必要もなくなります。私自身も経験したことがありますし、自分の周りでも実際に何例も耳にしていますが、ブラックな環境下での労働は本当に人生の質を下げてしまいます。

　安全環境が未整備な職場で働いて、取り返しのつかない怪我をするなど、肉体的にダメージを受けることもあります。パワハラやセクハラをする上司や同僚がいる職場に長く勤めることで、精神的におかしくなってしまうこともあるでしょう。十分な経済力があれば、すぐに職場を離れることも可能ですが、経済力がなければひどい環境を受け入れながら働き続けるしかないかもしれません。

┃女性がより経済力を必要とするわけ

　また、このような話を知人の女性と話していたところ、女性は特に経済力を持たなければならないという意見を聞きました。どういうことかというと、たとえば夫から家庭内暴力を受けたりした際に、自分が仕事を辞めて専業主婦をしていると、**経済力がないので、すぐに離婚して物理的に離れることができない**というのです。ましてや、子どもがいる場合はなおさら動けないと言います。いまの時代だとあまり性を分けて書かないほうがいいのかもしれませんが、あくまで私が知人の女性から聞いた話ですので、女性の目線ならの意見だということでご了承いただければ幸いです。

6

お金と上手につき合うために

自分にできることは何か？

　前項ではお金を持ちすぎても仕方がないし、お金の魔力に吸い込まれると人生は悪いほうに転がっていくと書きました。一方、十分な経済力がなければ、健康を維持することができなくなる可能性もあるのです。そう考えると、やはり自分にできることはすべてやったほうがいいのです。それでは、自分に何ができるのか。何をやるべきなのか。それを考えるときに重要なのは複数の観点を持つことです。

持ちたいのはマクロとミクロの視点

　私は、マクロ経済とミクロ経済の両方の視点を常に持つようにしています。マクロの観点からいえば、政治家が誤った政策をとらないように外野からではありますが、いろいろな情報発信をしています。実際に各政党や省庁で講演をしたりもしています。しかし、政治がダメだと言ったところで、それがいつ変わるのかは分かりません。待っている間にも自分の人生は進んでいきます。仮に政治が悪かったとしても、そこに文句を言い続けているだけでは仕方がありません。

　一方、私は子どももいるので、どうしてもミクロの視点から合理的な行動をしなければならないのです。そこで、個人では投資をして資産を効率的に増やすような努力もしています。稀に私の行動を批判する人がいます。それは、行き過ぎた株主資本主義や

グローバリズムのせいで格差が拡大していることを批判している
のに、自分だって投資をしたり、海外で仕事をしたりして言行不
一致ではないかと言うのです。しかし、それは違うと思います。
マクロの観点からすれば行き過ぎた株主資本主義やグローバリズ
ムは修正すべきですし、そうなるように声を上げます。しかし、
それはそれとして、ミクロの観点から労働から得る収入以外に
も、既に保有している資産を増やせる可能性があるのであれば、
それを試行するのは普通のことでしょう。違法行為をしているの
であれば非難されるべきですが、合法的である以上、その行為を
批判されても困ってしまいます。

　本書でも何度も取り上げましたが、世の中にはマクロとミクロ
の両方の視点、立場があり、時としてこの２つの視点、立場から
導き出される結論が正反対になることは十分あり得ます。この基

本を忘れてしまうと、自分にとって本当に最適な行動を見失ってしまう可能性が高まります。読者の方には改めてこの点を注意していただければと思います。

まとめ

①長生きに相応の経済力は必要
②経済力を維持するためにできることはする
③マクロとミクロの両方の視点を持つ

03 「お金で買えないもの」って何ですか？

お金は大事なものであり、ないよりはあったほうがよい。しかし、あまりにもお金中心の生活になってしまったり、必要以上に多くのお金を持ったりするとかえって不幸になることもあると学びました。それでは、どれぐらいのお金を持っていれば幸せなのでしょうか。具体的な金額が分からないと困ってしまうかもしれません。ただし、それはその人の価値観や置かれている環境などによって左右されてしまうため、一概に具体的な金額を提示することはできません。

┃ あなたはお金で買えないものを持っている？

そこで、少しだけ考え方を変えてみたいと思います。自分がお金では買えないものをどれだけ持っているのか。そしてそれらの重要性について、しっかりと理解できているのかを確認してみましょう。

お金では買えないものとしては、まず、家族や健康はすぐに思い浮かぶことかと思います。世の中にある多くの物はお金さえあれば買うことはできますが、家族や健康はそういうわけにはいきません。実際に私が過去に聞いたことのある話を共有します。

FX投資に取りつかれ…

　ある会社員の方がFXの存在を知り、証券会社にFX口座を開設し、余剰資金の一部を入金して取引したところ、資産が一気に倍増したそうです。そこで気をよくして銀行口座に入っていたお金のほとんどをFX口座に入金し、どんどん取引を重ねました。最初のうちは自宅のパソコンで取引をしていたため、仕事が早く終わった日の寝る前に少しだけ取引をしていたそうです。しかし、スマホに取引アプリを入れてからは、徐々に為替相場を確認する時間が増え、通勤時間や会社の休憩時間にも取引をするようになったのです。そして、最終的には仕事中も度々トイレの個室にこもっては取引を重ね、平日も早々に家に帰って明け方まで取引をしていました。

　そうなると何が起こるか。集中力を欠き仕事でのミスが増え、職場や取引先とのつき合いも少なくなり、家庭では奥さんや子どもたちとの時間よりも取引を優先したため、家庭内不和となったようです。その後、取引で失敗して資産のほとんどを失い、職場でも左遷され、離婚して、奥さんは子どもを連れて出ていってしまいました。すべてを失ってしまった気がした彼は、お酒を飲んで現実逃避するようになり、身体を壊したそうです。

　この話を聞いてどんな印象を受けましたか？　せっかく投資は怖くないということを学んだのに、再び投資に対して怖いという印象を持ってしまったでしょうか？　私が感じ取ってほしかった

のは、この人が投資に失敗してお金を失っただけではなく、**お金では買うことのできない家族や健康までをも失った**、という点です。仮に彼がFXで成功し続けて、億万長者になったとしても、幸せになれていたかは分かりません。なぜなら、投資にすべてを注ぎ込んでしまったことで、家族との時間を大事にしませんでした。投資に成功して十分なお金を手に入れたなら、もう投資をやめて家族との時間を大事にすればいいじゃないか、と思うかもしれません。しかし、家族との時間というのはそんなにシンプルなものではないのです。

かけがえのない時間

　特に子どもとの時間はかけがえのないものです。1歳、2歳、3歳と毎年子どもの様子は変わっていきます。ハイハイしていた子どもが自分で歩き、そのうち走り回ります。成長していく中で、

子どもが反抗期を迎えて親子の距離が開く時期もあるかもしれません。そういう時期も含めてすべてが貴重なのです。たとえば、子どもが小さい間は取引にすべての時間を注ぎ、子どもが成人した頃に一生遊んで暮らせるほどのお金を手に入れたので、そこから家族との時間を大切にし始めたとします。しかし、それではもう遅いのです。

　ここではFXという投資の中でも比較的リスクが高いものを例に挙げたので、自分はそのようにはならないと思っている方もいるかもしれません。しかし、例を変えれば急に自分事になって、耳が痛くなるかもしれませんよ？　たとえば、**仕事を理由に家族との時間を大切にしていなかったり、忙しいことを理由に健康をないがしろにしていたり**する人は意外と多いのではないでしょうか？　正直なところ、私にも思い当たる節があります。

　人間というのは愚かなもので、失ってみて初めてそのものの重要性に気づくことが多々あります。しかし、失った時点ではもう手遅れになっていることも多いのです。親も仕事も健康も、すべてがそれに当てはまるでしょう。

お金持ちなのに自己肯定感が低い

　また、お金では買えないものに、プライドや自己肯定感など、目に見えないものもあると考えられます。私も何人も見てきましたが、お金はたくさん持っているのに、常に何かにおびえ、誰か

に対して劣等感を抱えている人がいます。若くして投資に成功したり、事業を売却したりして、同年代の友人がとても手にすることのないような大金を得ながらも、まったく自信がないのです。自分はすごい存在なのだと自己暗示をかけるべく、1日に何回もSNSに自分が充実していると投稿を続け、何かあると他人にマウントを取って現実逃避をしたりします。

　不思議ですよね。それほどの大金を得たのに自信がないのです。そういう類いの人は、だいたい評価基準を自分の外に置いてしまっているケースがほとんどです。世の中にはすごい人がたくさんいます。上を見ればキリがありません。しかし、評価基準が自分の外にあると、自分よりお金を持っている人をベンチマーク（指標）にして、焦燥感にばかりとらわれてしまいます。そうすると、既に紹介した、海水を飲むような状況に陥ってしまうのです。

プライドと自己肯定感を得るには？

　自信を持つためには努力をして、**小さくてもいいから成功体験を積み上げていく**しかありません。成功体験と言うと大げさに聞こえるかもしれませんが、たとえばダイエットをして痩せるとか、資格を取るとか、毎月1冊は本を読んでその感想をブログに書くなど、何でもいいでしょう。自分で目標を立てて、それに向かって努力をする。そして、しっかりと結果を残す。

　これはお金を払えば体験できるものではありません。前述のように大金を持っているのに常に何かにおびえて不安そうな表情の人もいれば、別に大してお金を持っているわけでもないけれど、自分に自信を持っていて、非常に魅力的な人もいます。自分に自身を持って幸せそうに暮らしているのは、自分の中に評価基準を持ち、成功体験を積み重ねている人が多いのです。

　このように、**お金で買えないもの、そしてその重要性を理解する**ようになると、やはりお金はないよりはあったほうがいいけれども、それよりもまず大事にしないといけないものが何かを意識できるようになります。お金に対するバランス感覚も身につけられるはずです。

　たとえば、投資にハマってしまい、仕事から帰ってもスマホで相場を見てしまいそうなとき、子どもが話しかけてきたとします。子どもとの時間の重要性に気づくことができていれば、スマ

ホを置いて子どもとの対話を優先するでしょう。子どもと翌日は朝から出かける約束をしていれば、明け方まで投資に明け暮れるなどといったばかげた選択肢は取ることもないはずです。お金の価値を理解しつつ、お金で買えないものの価値も忘れないようにしたいものです。

6

お金と上手につき合うために

まとめ

①お金で買えないかけがえのないものを認識する
②プライドと自己肯定感を重視し、小さな成功体験を積み上げる

04 資産運用より大事な投資ってありますか？

　仕事柄、お金に関する講演をさせていただくことが多く、時間が許す限り質疑応答も実施しています。お金に関する講演といっても内容はさまざまで、日本経済の分析や、経済政策に関する提言などもあれば、NISAや銘柄分析の方法など、投資に関するものもあります。しかし、講演の内容がどのようなものであっても、かなりの頻度で出てくる質問の一つに「何に投資をすればいいのか？」というものがあります。立場上、個別銘柄の名前を具体的に挙げて推奨することは絶対にないのですが、その旨を伝えても、せめて「どの国・地域に投資をすればいいか？」や「株なのか、投資信託なのか？」などのヒントだけでも教えてくれと求められたりします。

投資は資産運用だけじゃない？

　ある程度、年齢を重ねている方なのであればまだよいのですが、たまに同様の質問を高校生や大学生から投げかけられます。自分が学生の頃を思い返せば、休日に講演に足を運び、そこで投資に関する質問をするなど考えられず、「最近の若い子は意識が高く、行動力もあるな」と感心するのですが、一方で、資産運用以外の投資にもっと時間もお金も注いだほうがいいのに、とも思う

のです。

　もちろん、これまでにも書いてきた通り、積立投資をする場合は長期間続けることによって複利の効果が出ますから、学生時代からコツコツと継続することには大きな意味があります。しかし、**一般的には学生はそこまで多額の余剰資金を持つことはありません**。故に、その限られた余剰資金は有効活用しなくてはいけません。投資関係の講演で会う学生の中にも、一定の割合で節約をして、そこで貯めたお金をすべて投資にまわしているという話をする方がいます。他人のお金の使い方にクチを出す気は一切ないですし、価値観は人それぞれですから、その使い方が最も満足度が高いのであれば、それでいいと思います。しかし、人生の中でも比較的時間に余裕があり、体力的にも充実している10代のうちは、お金を使って海外に短期間住んでみたり、普段は出会わないような人に会いに行ったりするなど、**いろいろな経験を積みながら、視野を広げていくことも重要**だと思うのです。

経験という投資

　キャッシュフローの観点からすれば、海外旅行に行ったり、食事に行ったりすることはキャッシュアウト（資金が減ること）でしかなく、お金は減っていく一方でしょう。しかし、そこで得た経験や人間関係がいずれ大きな利益を生むかもしれません。もちろん、最初から利益を得ることを目的として海外に行ったり、人脈を広げたりしましょうという打算的な生き方を推奨しているわ

けではありません。ただ、**目先の損得勘定や、目に見える数字ばかりを追うのではなく、目に見えない資産を得るための投資をする**、という感覚も持ってほしいのです。

資格は取っても意味がない？

このように自分の能力や可能性を伸ばすためにお金や時間を使うことを「**自己投資**」と言います。自己投資と聞いて最初に思い浮かぶのは資格取得でしょう。多くの方がイメージするのは英語や簿記などの資格ですよね。TOEICやTOEFLで高得点を取れば、英語で仕事ができますとアピールできるようになりますから、現職よりも高い給与を提示してくれる企業に転職できるかもしれません。簿記の資格を取ることで、いまの配属部署から経理部や財務部に異動させてもらえるかもしれません。

最近のビジネス系メディアなどを眺めていると、資格取得に否定的な情報も見かけます。資格なんて持っていても意味がないというものです。実際のところ、その意見については同意する部分が多いです。私も金融に関する資格はそれなりに保有していますが、おそらく資格取得にかかった費用を回収すらできていない気もします。しかし、それでも私は資格取得には肯定的です。

正確に言えば、資格を取得すること自体より、資格を取得するための過程が重要だと考えています。たしかに、医者や弁護士のように資格がないと業務ができないものであれば、そもそも取得

しないという選択肢はないのですが、たとえば、金融業界には取得しても何も意味のない資格は数多くあります。しかし、それら**の資格を取得するために勉強を始めると、物事を体系立てて学ぶことができる**のです。

社会人になると学生時代の勉強とは違い、仕事を通じてさまざまなことを学びます。しかし、その学びというのは実践的なもので、必要な知識を必要なタイミングでスポットで学んでいきます。そのような知識のつけ方をすると、物事を体系立てて理解しにくくなったり、俯瞰してマクロ的な観点からモノを考えるということが難しくなったりします。一方、資格を取得するために勉強をする場合、テキストを基に学びますから、その分野を体系立てて学ぶことができます。

海外からの視点の重要性

　また、海外に行くことも私は非常に重要だと考えています。こういうことを言うと、「日本のこともロクに知らないのに海外とか言うな」や「海外コンプレックスがあるから海外を神格化しているんだ」といった意見をぶつけられることもありますが、いずれも的外れな指摘だなと思っています。日本以外の国の実情を知ってこそ、かえって日本の素晴らしさを再確認できるわけであり、また日本が抱える問題点を明確に見抜けるようになるのです。逆に考えてみてください。海外のことを知らずに「日本が素晴らしい」と言っている人は、何と比較して素晴らしいと言っているのでしょうか？

　執筆時点では円安が進行しており、エネルギー価格も高騰していることから、気楽に海外旅行に行けるような値段感ではありま

せん。LCC（格安航空会社）を利用し、安宿に泊まったとしても、学生からすれば相当大きな出費となるでしょう。しかし、感覚が研ぎ澄まされていて、余計なノイズを抱えていない学生時代に海外で何かしらの経験を積むことは重要だと思います。

保守的な著者を変えたもの

　私は小さい頃から夢を持ったことがなく、「将来こうなりたい」と思うこともなくこれまで生きてきました。しかし、将来のことはよく分からないけど、間違いなく次の2つのことは断言できると言いながら24歳くらいまで生きてきました。その2つとは「海外で生活をすることはない」と「独立や起業をすることはない」というものです。よく言えば保守的、悪く言うと臆病なので、24歳までパスポートを取ったこともありませんでした。また、転職することはあっても起業して自ら仕事を作り出すことなどないと考えていました。

　しかし、ふとした瞬間に「いつ死ぬか分からないのだから、1回ぐらい海外に行ってみるか」と思い立ち、ベトナムのホーチミンに行った際、空港から降りて感じた新興国の熱気にやられました。それ以降は仕事で頻繁に東南アジアを中心に出張を繰り返し、最終的にはインドネシアのジャカルタや、台湾の台北に駐在するまでになっていました。そして、海外生活から日本に戻ると、今度は自分で起業し、会社員の道を捨てました。

一般的な水準と比べれば、データを分析してそれなりの精度で将来を予測しているほうの人間だと自任していますが、そんな私が「将来のことは分からないけれど、この２つだけは間違いない」と言ってきたことが、早々に両方とも覆されたのです。それだけ、**若い時の体験というものは自分の人生に大きな影響を与えます**。そういう転換点は、お金で好きなときに買えるものではありません。ましてや、社会人になり、家庭を持つようになれば、自由に行動できる機会も範囲も学生時代に比べれば大きく減ってしまうものです。だからこそ、若いときから資産運用という投資にお金を使うのもいいのですが、それ以外の自己投資にもお金を使ってほしいと思うのです。

まとめ

①若いうちは自己投資のほうが大事
②資格試験にも意外な投資価値
③海外体験は大きな投資価値がある

05 結局、お金とはどう向き合えばいいのでしょう？

本書ではお金について幅広く学んできました。1冊の中でここまでお金について多岐にわたる内容を書いてある書籍はそれほど多くはないでしょう。それだけ内容が広く浅いものになったかもしれませんが、世の中には専門書は大量にありますから、狭く深い話は他の書籍に任せたいと思います。

さて、あなたはどのような感想を抱いたでしょうか？　あなたのお金に対する考え方が、少しでもより前向きで建設的なものになっていればうれしく思います。

┃ 自分の人生のシナリオを作る

何度も書きますが、私たちが生きる現代社会において、誰しもお金とは無縁で生きていくことはできません。「お金よりも大切なものはある」と言われれば、もちろんその通りだと思います。しかし、それは「お金は必要ない」ということを意味しません。お金がなければ生きていけませんし、お金があればあるほど選択肢は増えていきます。また、自分がある程度豊かでないと、他人に対しても経済的な支援はしてあげられません。

そこで、**本書を通じて得た知識を基にマクロの観点から世の中の流れを把握したうえで**、「これから日本経済はこうなる」「ただ、政府がこういう政策を打てばこうなる」など、いくつかのシナリオを自分で立ててみてください。そうやって自分のお金の動きや状態を見える化し、自己投資と資産運用によって収入と資産を増やしていき、経済的な自由を手に入れて、充実した人生を送ってほしいのです。また、「お金がすべてではない」という当然だけれど重要なことを理解し、**お金に人生を壊されてしまわないように気をつけてほしい**と思います。

お金のタブー視をやめる

本書を手に取った皆さんがどのような方かは知る由もありませんが、最近強く思うことは「お金の話をタブー視するのはやめよ

う」ということです。これは決して年収や貯金額を隠すなとか、そういう話ではありません。**少なくとも家族の中では、ある程度はお金の話はしてもいいのではないか**、ということです。

　よく親向けの金融教育セミナーや、親子同席の講演をしていると、話が終わった後の質疑応答の際に「**子どもとどれぐらいお金の話をオープンにすればいいのか？**」ということを聞かれます。私は**親の年収や資産額、貯金額を子どもに話す必要はない**と思っています。そのあたりの金額を具体的に共有してしまうと、場合によっては同級生に言いふらしたり、親の年収や貯金額で子ども同士でマウント合戦になったりしかねませんから。ただ、生活や習い事にどれぐらいのお金がかかっているかは教えてあげていいと思います。わが家では外食をしたり、買い物をしたりした際には、レジで会計シーンを見せていますから、おそらく毎月の生活コストはおおよそ把握されていると思います。毎月の生活コストがなんとなく分かっている状態で、その他の生活シーンを考えれば、親の年収や資産状況はある程度察しがつくものです。その他の生活シーンというのは、親が趣味にどれぐらいお金をかけているかや、子どもたちに対する生活必需品以外のお金の使い方などを指しています。

なぜお金の話をオープンにすべきなのか？

　なぜお金の話を家族にはある程度はオープンにしてほしいのかといえば、とても痛ましい話を耳にする機会が増えてきたからで

6

お金と上手につき合うために

す。本書でも触れましたが、近年の詐欺は巧妙になっており、何も知らない学生はすぐに引っかかってしまいます。実際に私もYouTubeの企画で何度も詐欺師と対峙していますが、知識がある人が見れば穴の多い勧誘方法であっても、何も知らなければ引っかかってしまうだろうな、と思います。

　学生が詐欺にあい、それなりの額の借金をしてしまった場合、家庭内でお金の話ができる環境にあれば、子どもは親に相談する可能性が高くなります。正直、学生が引っかかる詐欺の被害金額は親からすればそこまで大きなものではありません。詐欺師がやっていることは違法行為ですから、子どもには注意するように言いながら、大人が出るところに出れば大抵は難なく解決ができます。しかし、子どもが親とお金の話をできる関係にない場合、子どもは自分だけで問題を解決しようとして思い悩みます。

　本書で紹介したUSBメモリー詐欺の場合、被害額は50万円でした。自分が売る側にまわった場合、キャッシュバックは5万円なので10人に売れば被害額を丸々回収できてしまいます。しかし、仮にそこで被害額を回収できたとしても、失うものは詐欺の被害額以上のものとなるでしょう。詐欺の素人が騙せる相手というのは、それだけ自分を信じてくれている人たちということですから。大事な人やつき合いの長い友人を騙した結果、お金は回収できても信頼を失い、お金で買えない人間関係を壊してしまっては、そのダメージは甚大でしょう。

詐欺被害を自分一人で抱え込まない

また、親に迷惑をかけたくない、親に知られたくない、と考えてしまった学生で、最悪なのは思い悩んだ末に自ら命を絶つケースです。最近も、そのような痛ましい事件が報じられていましたが、その被害金額は高くても数百万円です。多くの場合は百万円未満。私も子どもがいますから思いますが、親であれば子どもの命を救うためなら百万円なんて痛くもかゆくもありません。なんとか工面することは可能です。もっと言えば、そもそも相手は犯罪者ですから、言われるがままお金を払う必要すらないわけです。

お金は大事なものですが、お金を理由に大事な人間関係を壊したり、命を落としたりする必要はまったくありません。本書を書いた目的は、お金について詳しくなって偉くなりましょう、と呼びかけることではありません。お金と向き合う必要性や、お金とのつき合い方を正確に身につけて、人生をより充実したものにしてほしい――これが私が本書を書いた唯一の目的なのです。

まとめ

①自己投資と資産投資のシナリオを作る
②お金の話をオープンにする
③詐欺被害にあったとしても、一人で悩まず相談する

おわりに

本書を読み終えた感想はいかがでしょうか？

「お金について幅広く学べた」という感想を持っていただけたらうれしいです。また、「ちょっと物足りなかった」という感想であれば、本書の狙い通りです。やはり、お金について、網羅的かつ深く学ぼうとすると、何百ページあっても足りず、またどうしても難しい言葉や数式、図表が必要になってしまいます。本書は初めてお金について学ぼうと思った方を読者として想定しているので、あえて詳細な説明は省きました。

「まえがき」にも書いた通り、幅広く扱ったテーマの中で、一番興味を持った分野から別の専門書を基に更なる知識を得るべく学んでいっていただければと思います。本書で扱った各分野について、私が易しい内容で執筆した他の書籍もありますから、そちらを手にとっていただければ幸いです。

本書の中で日本人はお金について学ぶ機会が少ないと書きましたが、幸いなことに私は小学生の頃からお金について学ぶ機会があり、現在に至ります。お金というのは知れば知るほど不思議に思うことが出てきますし、そもそもお金に関する言説も時を経て変化していきます。歴史的資料の新たな発見や解釈の変化で、従来の言説が変わっていくだけでなく、これからの時代はネット環境やデバイス、AIの進化などによっても変わっていくでしょう。

私が子どもの頃は硬貨や紙幣などの現金しかありませんでしたが、それがある日から電子マネーという新たな形が誕生し、今では各国の中央銀行が法定通貨のデジタル化を進めようとしています。また、昨今では暗号資産（仮想通貨）という新たなお金も世界中で取引されています。

　今後は私たちの生活の一部がメタバース（仮想空間）で行われるかもしれません。人によっては人生の大半をメタバース内で過ごすでしょう。そうなれば、メタバース内で流通する通貨をメタバース内で仕事をして稼ぎ、そのお金だけで人生をまっとうする人まで出てくるかもしれません。

　こうなってくると、中央銀行が発行する法定通貨、中央銀行が管理をしない仮想通貨、メタバースのプラットフォーマーが発行するメタバース内の流通通貨など、いわゆるお金の種類が増えていき、それぞれに対するお金の考え方を持たなくてはいけなくなります。

　これからお金のことを学ぼうとする方の中には、「いまさらお金のことを学んでも遅過ぎるかな」と考える方もいるかもしれません。しかし、既にお金について十分に学んでいる人であっても今後も学び続ける必要があるので、「いまさらお金のことを学んでも」と思わずに、学ぼうと思った日から少しずつ学んでいただければと思います。

本書を通じて私は「お金、お金」と言ってはいますが、これまで
に何度も書いてきた通り、お金がすべてだとは思っていません。
あまりにもお金のことを考えて、お金中心の人生を送って疲弊し
てしまったのでは本末転倒です。お金について正しく学び、お金
と上手につき合うことで、人生の幸福度を上げていってほしいの
です。

　お金の知識があるかないかで人生は大きく変わってしまいま
す。実際に私の周りを見渡しても、お金の知識がないために、投
資詐欺に引っ掛かってしまった知人や、リスクだけを取らされて
経営権を奪われてしまった経営者などを見てきました。一方で、
資本主義の仕組みを理解していたことで、多額の資金調達をして
事業を急拡大させ、若くして巨万の富を得た方もいます。もちろ
ん投資が成功して億万長者になった方もいます。

　私自身は不器用であり、それほど頭もよくないので、お金のこ
とを学んでいたからと言って大儲けできたということはないので
すが、お金の知識のおかげで投資詐欺からは何度も身を守ること
ができました。また、いくつものプロジェクトに関わって財務面
からのアドバイスをしたり、経営者などに経済環境をふまえた経
営アドバイスをしたりしてきました。

　2022年から高校の家庭科で「金融教育が始まる」ということ
で、昨年から自分の子どもたちに金融教育をしたいと考える親御

さんが増えています。私のもとにも多くの親御さんから子どもに金融教育をするためには、どんな本を読ませればいいのか、どこの教材を買えばいいのか、といった質問が寄せられます。しかし、自分が理解していないことを子どもに教えるのは無理です。

　自分の子どもに金融教育をしたいと考える親御さんは、まず本書を通じてお金の全体像を俯瞰して把握してもらえればと思います。何も難しく考える必要はありませんし、本書の内容は世にある経済・金融関連の書籍の中では圧倒的に易しいものだと思います。

　また、小学校高学年であれば本書の内容は十分に理解できると思います。一部、難しくて理解できない部分があるかもしれませんが、そのときこそ親御さんの出番です。子どもよりも先に読んでおいて、自分がお金の先生になれるようにしましょう。家庭での金融教育において最も重要なポイントは、お金の知識以上に、子どもとお金の話ができる関係が築かれているかどうかです。

　本書がお金を理解するためのパートナーになるだけでなく、子どもや友人とお金の話をするきっかけになってくれれば著者としてこれほどうれしいことはありません。この度は数ある書籍の中から本書を手に取っていただき、ありがとうございました。

森永康平

森永康平（もりなが こうへい）

株式会社マネネ CEO。経済アナリスト。
証券会社や運用会社にてアナリスト、ストラテジストとして日本の中小型株式や新興国経済のリサーチ業務に従事。業務範囲は海外に広がり、インドネシア、台湾などアジア各国にて新規事業の立ち上げや法人設立を経験し、事業責任者や CEO を歴任。その後2018年6月に金融教育ベンチャーの株式会社マネネを設立。現在は経済アナリストとして執筆や講演をしながら、AI ベンチャーの CFO も兼任するなど、国内外複数のベンチャー企業の経営にも参画。
著書は『「国の借金は問題ない」って本当ですか？』（技術評論社）、『マンガでわかる お金の本』（扶桑社）『誰も教えてくれないお金と経済のしくみ』（あさ出版）『スタグフレーションの時代』（宝島社新書）、『親子ゼニ問答』（角川新書、父・森永卓郎氏との共著）など多数。
日本証券アナリスト協会検定会員。経済産業省「物価高における流通業のあり方検討会」委員。

森永先生、僕らが強く賢く生きるための
お金の知識を教えてください！

発行日：2023年4月13日（初版）

著者　森永康平

編集　株式会社アルク出版編集部
校正　高橋清貴
カバーデザイン　井上新八
本文デザイン　朝日メディアインターナショナル株式会社
イラスト　松尾 達

DTP　朝日メディアインターナショナル株式会社
印刷・製本　シナノ印刷株式会社

発行者：天野智之
発行所：株式会社アルク
〒102-0073　東京都千代田区九段北4-2-6 市ヶ谷ビル
Website：https://www.alc.co.jp/

地球人ネットワークを創る

アルクのシンボル
「地球人マーク」です。